Les cahiers d'**exercices**
ASSiMiL®

Allemand

Intermédiaire

AF134615

Bettina Schödel

À propos de ce cahier

Ce cahier intermédiaire approndit les fondamentaux de la langue allemande tout en faisant un balayage grammatical systématique et progressif.

Pour approfondir, il faut des bases solides ! Plusieurs chapitres comportent (généralement au début) des exercices destinés à tester vos connaissances. Certains d'entre eux, indiqués par le pictogramme 🔍, devront être systématiquement vérifiés avec les corrigés avant d'aller plus loin. Il s'agit des bases sur lesquelles repose la suite du chapitre.

Les autres exercices permettent de pratiquer les difficultés particulières, les exceptions, les tournures plus élaborées ou propres à la langue parlée, ainsi que d'enrichir vos capacités d'expression de façon ludique. Par ailleurs, les exercices plus compliqués sont indiqués par le pictogramme suivant : 🧠

Enfin, ce cahier vous permet d'effectuer votre autoévaluation : après chaque exercice, dessinez l'expression de vos icônes (☺ pour une majorité de bonnes réponses, 😐 pour environ la moitié et 🙁 pour moins de la moitié). À la fin de chaque chapitre, reportez le nombre d'icônes relatives à tous ces exercices et, en fin d'ouvrage, faites les comptes en reportant les icônes des fins de chapitres dans le tableau général prévu à cet effet !

Sommaire

Les noms et leurs articles

Le genre

L'allemand comporte 3 genres :

- masculin → **der Mann** ;
- féminin → **die Frau** ;
- neutre → **das Mädchen.**

La correspondance avec le français est rare et mieux vaut apprendre les noms par cœur avec leur article. Toutefois, il existe une règle permettant de classer par catégories des noms de même genre. Les voici dans l'exercice qui suit.

 Classez, pour chaque genre, les noms selon leur catégorie.

A. der Diamant, der Montag, der Sommer, der Teller, der Gang, der Morgen, der Wein, ~~der Junge~~, der Mai, der BMW, der Schnee, der Liebling, der Süden

Sont **masculins** :

1. les êtres de sexe masculin : der Junge

2. les moments de la journée : ....

3. les jours de la semaine : ....

4. les mois : ....

5. les saisons : ....

6. les points cardinaux : ....

7. les boissons alcoolisées : ....

8. les noms de pierres et minéraux : ....

9. les marques de voitures : ....

10. la plupart des noms dérivés d'un radical verbal : ....

11. les précipitations météorologiques : ....

12. les noms qui se terminent en **-(l)er, -(ism)us, -ist** ou **-ling** : .... / ....

B. die Yamaha, die Bäckerei, die Einladung, die Eins, die Erdbeere, die Tochter

Sont **féminins** :

1. les êtres de sexe féminin : ....

2. les fruits : ....

3. les chiffres/nombres : ....

4. les marques de motos : ....

5. beaucoup de noms qui se terminent en **-ei, -e, -heit, -ik/-tik, -in, -(t)ion, -keit, -schaft, -ung** ou **-tur** : .... / ....

C. das Element, das Gold, das Essen, das Baby, das Datum, das Gemüse, das A, das Französisch, das Blau, das Fräulein, das Drittel

Sont **neutres** :

1. les petits des êtres vivants : ....

2. les métaux : ....

3. les lettres : ....

4. les couleurs : ....

5. les langues : ....

6. les infinitifs substantivés : ....

7. les collectifs débutants par **Ge-** : ....

8. les fractions : ....

9. les diminutifs en **-chen** et **-lein** : ....

10. les noms qui se terminent en **-(t)um** ou **-ment** : .... / ....

2 Indiquez selon la règle l'article défini des noms suivants :

a. .... Nachmittag

b. .... Lesen

c. .... Freiheit

d. .... Gebirge

e. .... Zehn

f. .... Birne

g. .... Silber

h. .... Schmetterling

i. .... Fehler

j. .... Italienisch

k. .... Schlaf

l. .... Osten

m. .... Rosa

3 Parmi les exceptions à ce classement, voici les plus courantes. Indiquez l'article défini.

a. Moment de la journée, mais ...... **Nacht**.

b. Suffixe **-er**, mais .... **Fenster**.

c. Fruit, mais .... **Apfel**.

d. Métal, mais .... **Bronze**.

e. Suffixe **-um**, mais .... **Reichtum**.

f. Suffixe **-e**, mais .... **Ende**, ... **Auge** et .... **Käse**.

g. Fraction, mais .... **Hälfte**.

Le pluriel

Au pluriel, il n'existe pas de distinction de genre : **der, die, das** donnent **die** au pluriel. Et les noms forment généralement leur pluriel comme suit :

• Pas de terminaison et Umlaut éventuel sur **a, o, u** pour la grande majorité des masculins et neutres qui se terminent en **-chen, -el, -en, -er, -lein, -sel** ainsi que deux féminins :

der Vater/die Väter ; das Messer/die Messer.

die Mutter/die Mütter ; die Tochter/die Töchter.

• **-e** et Umlaut éventuel sur **a, o, u** pour de nombreux masculins, plusieurs neutres et monosyllabes féminins. Notez que pour les féminins, l'Umlaut sur **a, o, u** est systématique.

der Monat/die Monate ; die Hand/die Hände ; das Jahr/die Jahre.

• **-er** et Umlaut systématique sur **a, o, u** pour de nombreux neutres et quelques masculins.

das Lied/die Lieder ; der Wald/die Wälder.

• **-en/-n** pour de nombreux féminins et quelques masculins et neutres.

die Frau/die Frauen ; der Staat/die Staaten ; das Bett/die Betten.

• **-nen** pour les féminins terminés en **-in**.

die Lehrerin/die Lehrerinnen.

• **-se** pour les neutres et féminins terminés en **-nis**.

das Geheimnis/die Geheimnisse ; die Erlaubnis/die Erlaubnisse.

• **-s** pour de nombreux noms étrangers, abréviations et les noms terminés en **-a, -i, -o**.

das Auto/die Autos ; die CD/die CDs.

4 Indiquez le pluriel des noms suivants.

a. die Studentin ➜ die ....

b. die DVD ➜ die ....

c. das Gefängnis ➜ die ....

d. der Lehrer ➜ die ....

e. das Kino ➜ die ....

f. der Fehler ➜ die ....

g. die Oma ➜ die ....

h. die Freundin ➜ die ....

i. das Zeichen ➜ die ....

j. der Sessel ➜ die ....

k. der Berg ➜ die ....

l. die Stadt ➜ die ....

m. das Buch ➜ die ....

n. die Bibliothek ➜ die ....

5 Parmi les masculins suivants, vous rappelez-vous lesquels prennent l'Umlaut ?

a. der Markt ➜ die Markte   **d**. der Beruf ➜ die Berufe   **g**. der Kampf ➜ die Kampfe

b. der Mantel ➜ die Mantel   **e**. der Tag ➜ die Tage   **h**. der Strand ➜ die Strande

c. der Baum ➜ die Baume   **f**. der Sack ➜ die Sacke   **i**. der Anfang ➜ die Anfange

Les noms composés

Ils sont l'une des particularités de l'allemand. Ils se composent de 2 ou 3 mots, et quelquefois plus. Le(s) premier(s) mot(s) peut (peuvent) être un nom (singulier ou pluriel), adjectif, verbe, etc. ; le dernier mot est, quant à lui, toujours un nom, et c'est lui qui détermine le genre et le pluriel.

das Haus + die Tür = die Haustür,
➜ *la porte de la maison*

neu + der Bau = der Neubau,
➜ *la construction récente*

Dans certains cas, la composition se fait avec un élément de liaison comme **(e)s, (e)n** ou l'élision de lettres comme **e** ou **en**. Il n'y a pas de règle à ce sujet.

das Leben + der Lauf = der Lebenslauf,
➜ *le curriculum vitae*

wohnen + das Zimmer = das Wohnzimmer,
➜ *le salon*

 **6** **Pour poser sa candidature ! Voici plusieurs noms composés utiles pour un CV. Décomposez-les et traduisez-les.**

a. der Vorname ➜ ....

b. der Nachname ➜ ....

c. der Wohnort ➜ ....

d. das Geburtsdatum ➜ ....

e. der Geburtsort ➜ ....

f. die Staatsangehörigkeit ➜ ....

g. der Familienstand ➜ ....

h. die Schulausbildung ➜ ....

i. die Berufserfahrung ➜ ....

7 Et pour finir, complétez cette lettre de candidature avec les mots suivants :

→ diplomierter, geehrte, Bewerbung, Studiums, Stellenangebot, Grüßen, Gespräch, Praktikum, Lebenslauf, beruflichen, Herren

.... als Modefotograf

Sehr .... Damen und ....,
mit großem Interesse habe ich Ihr .... in der Fashion-
Zeitung gelesen.

Ich bin .... Fotograf und mache zurzeit ein

Fotografie- .... in einer japanischen Presseagentur

in Tokyo.

Ich wollte schon immer im Bereich Design und Mode tätig sein und
habe daher während meines .... mehrmals für
Modeshows gearbeitet.

Ihr Stellenangebot entspricht meinen ....
Zielen und ich würde mich gerne in einem persönlichen ....
.... bei Ihnen vorstellen.

Anliegend finden Sie meinen ....

Mit freundlichen ....

Bravo, vous êtes venu(e) à bout
du chapitre 1 ! Il est maintenant
temps de comptabiliser les icônes
et de reporter le résultat en
page 128 pour l'évaluation finale.

2

La déclinaison des 4 cas

Formation des 4 cas

Il s'agit du nominatif, de l'accusatif, du datif et du génitif. En plus des cas, on distingue 3 types de déclinaisons pour l'adjectif épithète : faible (I), forte (II) et mixte (III). Notez-les bien, nous y ferons souvent référence :

- type I = groupe nominal formé avec l'article défini **der, die, das, die** ;

- type II = groupe nominal sans article ;

- type III = groupe nominal formé avec l'article indéfini **ein, eine, ein**.

Souvenez-vous aussi que :

- au datif pluriel, les adjectifs épithètes et noms (sauf ceux terminés en **-i**, **-a**, **-o** et autres mots étrangers) prennent un **-n**.

- au génitif masculin et neutre, les noms prennent un **-(e)s** ; le **e** vaut pour la grande majorité des monosyllabes et des noms terminés par **-s** : **der Lehrer → des Lehrers** ; **das Hochhaus → des Hochhauses** ; **das Land → des Landes**.

- l'article indéfini n'a pas de pluriel : **Er hat ein Kind. → Er hat Kinder.**

RÉVISION

Testez vos connaissances ! Complétez le tableau de déclinaisons.

	Masculin	Féminin	Neutre	Pluriel
Nominatif	der jung...... Mann jung...... Mann ein jung...... Mann	die jung...... Dame junge Dame eine jung...... Dame	d...... junge Kind jung...... Kind ein jung...... Kind	d...... jungen Kinder jung...... Kinder junge Kinder
Accusatif	d...... jung...... Mann jung...... Mann einen jung...... Mann	die jung...... Dame junge Dame ein...... jung..... Dame	das jung...... Kind jung...... Kind ein jung...... Kind	die jung...... Kinder junge Kinder junge Kinder
Datif	d...... jung...... Mann jung...... Mann ein...... jung...... Mann	der jung...... Dame jung...... Dame einer jung...... Dame	d...... jung...... Kind jung...... Kind ein...... jung...... Kind	d.... jungen Kinder.... jung...... Kinder.... jung...... Kinder....
Génitif	des jung...... Mannes jungen Mann...... ein... jungen Mann....	d...... jungen Dame jung...... Dame ein..... jung..... Dame	des jung...... Kind.... jung...... Kindes ein..... jung.... Kindes	d..... jung..... Kinder jung...... Kinder jung...... Kinder

Emploi des cas en fonction du groupe nominal

• **Nominatif :** il correspond au sujet et à l'attribut du sujet.

<u>Eine</u> <u>Dame</u> **möchte mit dir sprechen. / Ich bin der neue Deutschlehrer.** ➜ *Une dame aimerait parler avec toi. / Je suis le nouveau professeur d'allemand.*

• **Accusatif :** il correspond au complément d'objet direct.

Heute trifft er <u>den</u> <u>Direktor</u>. ➜ *Il rencontre le directeur aujourd'hui.*

• **Datif :** il correspond au complément d'objet indirect.

Hast du es <u>den</u> <u>Kindern</u> gesagt? ➜ *L'as-tu dit aux enfants ?*

• **Génitif :** il marque l'appartenance/la possession/ une relation de liaison.

die Öffnungszeiten <u>der</u> <u>Geschäfte</u> ➜ *les heures d'ouverture des magasins*

<u>Peters</u>/<u>Jens'</u> **Schwester** ➜ *la sœur de Peter/Jens*

Ce dernier se nomme génitif saxon. De nos jours, il s'emploie essentiellement avec les noms propres et se forme en ajoutant un **-s** au nom propre ou une apostrophe si celui-ci se termine par un **-s** ou **-z**. Il se place en tête et le groupe nominal auquel il se rapporte n'a pas d'article.

2 Mettez les groupes nominaux au cas adapté.

a. Ich kenne .... (**das Problem**)

b. Es gefällt .... (**die Kinder**)

c. Ich möchte .... backen. (**ein Kuchen**)

d. Das ist .... (**der neue Sommerhit**)

e. .... Freund hat angerufen. (**Eva**)

f. Suche .... (**kleiner Sportwagen**)

g. Hast du die Schlüssel .... dabei? (**die alte Wohnung**)

h. Rauchen schadet .... (**die Gesundheit**)

Exceptions

En général, les verbes + accusatif en alle-mand correspondent à des verbes + complé-ment d'objet direct en français, et les verbes + datif en allemand correspondent à des verbes + complément d'objet indirect en fran-çais. Mais attention aux exceptions !

brauchen (+ A), *avoir besoin de* (+ COI) : **Ich brauche einen Stift**. → *J'ai besoin d'un stylo*.

zuhören (+ D), *écouter* (+ COD) : **Hör den Kindern zu!** → *Écoute les enfants !*

Les principales exceptions sont dans l'exer-cice qui suit. Saurez-vous les reconnaître ?

3 Entourez **A** pour les verbes régissant l'accusatif et **D** pour ceux régissant le datif.

a. gehören +	A	D	→	*appartenir à* (+ COI)
b. danken +	A	D	→	*remercier* (+ COD)
c. nützen +	A	D	→	*servir à* (+ COI)
d. gratulieren +	A	D	→	*féliciter* (+ COD)
e. fragen +	A	D	→	*demander à* (+ COI)
f. helfen +	A	D	→	*aider* (+ COD)
g. folgen +	A	D	→	*suivre* (+ COD)
h. kosten +	A	D	→	*coûter à* (+ COI)
i. widersprechen +	A	D	→	*contredire* (+ COD)
j. stören +	A	D	→	*déranger* (+ COD)
k. kündigen +	A	D	→	*licencier* (+ COD)
l. antworten +	A	D	→	*répondre à* (+ COI)

Emploi des cas en fonction des prépositions

• Accusatif : **bis**, *jusqu'à* ; **durch**, *à travers/par* ; **entlang**, *le long de* ; **für**, *pour* ; **gegen**, *contre* ; **ohne**, *sans* ; **um... (herum)**, *autour de*.

Contractions possibles : **durch + das = durchs** ; **für + das = fürs** ; **um + das = ums**. (À éviter dans un contexte formel).

– **den Fluss entlang** ➜ *le long du fleuve* (se place généralement derrière le complément)

– **gegen eine neue Schulreform** ➜ *contre une nouvelle réforme scolaire*

• Datif : **ab**, *à partir de* ; **aus**, *de, hors de, en* + noms de matière ; **bei** (locatif), *chez, par, en cas de* ; **bis zu**, *jusqu'à* ; **mit**, *avec, en* + véhicule ; **nach**, *à, en* (directionnel), *vers, après, au bout de* ; **seit**, *depuis* ; **von**, *de, de la part de* ; **zu** (directionnel), *chez* ; **gegenüber**, *en face*.

Contractions possibles : **bei + dem = beim** ; **von + dem = vom** ; **zu + dem = zum** ; **zu + der = zur**.

– **aus dem Haus gehen** ; **aus Gold** ➜ *sortir de la maison* ; *en or*

– **bei dir** ; **bei dem Wetter** ➜ *chez toi* ; *par ce temps*

– **mit den Kindern** ; **mit dem Zug fahren** ➜ *avec les enfants* ; *aller en train*

– **gegenüber der Post/der Post gegenüber** ➜ *en face de la poste* (se place devant ou derrière le complément)

• Génitif : **außerhalb**, *en dehors de* ; **innerhalb**, *à l'intérieur de/en l'espace de* ; **trotz**, *malgré* ; **während**, *pendant* ; **wegen**, *à cause de*.

– **trotz des Wetters** ➜ *malgré le temps*

– **innerhalb eines Monats** ➜ *en l'espace d'un mois*

Notez que, dans la langue parlée, le génitif est souvent substitué par le datif (voir p. 41).

Voir aussi les chapitres 6 et 7 sur les prépositions de lieu et de temps.

4 Complétez les phrases avec les prépositions et terminaisons adéquates.

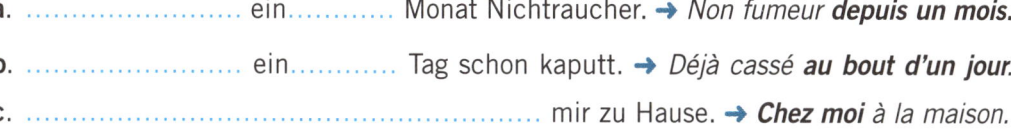

a. .... ein............. Monat Nichtraucher. ➜ *Non fumeur **depuis un mois.***

b. .... ein............. Tag schon kaputt. ➜ *Déjà cassé **au bout d'un jour**.*

c. .... mir zu Hause. ➜ ***Chez moi** à la maison.*

d. A2 .... ein......... Unfall............... gesperrt. ➜ *A2 fermée **à cause d'un accident.***

e. Lieferung .... ein............ Stunde ➜ *Livraison **en l'espace d'une heure**.*

f. Was machen .... Regenwetter? ➜ *Que faire **par temps de pluie** ?*

Masculins faibles et mixtes

Ils présentent une déclinaison particulière :

• **Masculins faibles** : il s'agit des noms masculins se terminant par **-e, -and/-ant, -ent, -ist, -oge, -at** + quelques autres dont **der Mensch** (*l'homme/l'humain*), **der Bär** (*l'ours*), **der Prinz** (*le prince*), **der Bayer** (*le Bavarois*), **der Herr** (*le monsieur/seigneur*). Ces masculins prennent la marque **-(e)n** à tous les cas sauf au nominatif singulier et ne prennent pas de **-(e)s** au génitif. Le **(e)** phonétique s'applique à pratiquement tous les masculins se terminant par une consonne.

Singulier : **der Polizist** (N), **den Polizisten** (A), **dem Polizisten** (D), **des Polizisten** (G).

Pluriel : **die Polizisten** (N), **die Polizisten** (A), **den Polizisten** (D), **der Polizisten** (G).

• **Masculins mixtes** : il s'agit d'un petit nombre de noms masculins dont **der Name** (*le nom*), **der Buchstabe** (*la lettre*) et un neutre, **das Herz** (*le cœur*). Ils se déclinent comme les masculins faibles, mais prennent **en** plus le **-s** du génitif singulier.

Singulier : **der Name** (N), **den Namen** (A), **dem Namen** (D), **des Namens** (G).

Pluriel : **die Namen** (N), **die Namen** (A), **den Namen** (D), **der Namen** (G).

5 **Complétez les phrases avec les masculins suivants.**

a. Kennst du ...., der bei uns wohnt? **(der Student)**

b. Das Buch heißt "Schrei des..". **(das Herz)**

c. Was sind die Gewohnheiten ....? **(ein typischer Franzose)**

d. Was ist typisch für ....? **(ein Bayer)**

e. Ich habe .... kennengelernt. **(ein Däne)**

f. Das war beim bestem .... nicht möglich. **(Wille)**

L'article zéro

Le groupe nominal se construit parfois sans article. Cela vaut pour les cas suivants :

• le pluriel de l'article indéfini **ein/eine** : **Hast du Kinder?** ➜ *As-tu des enfants ?*

• la plupart des noms de pays, villes, continents et langues : **Rom ist die Hauptstadt von Italien.** ➜ *Rome est la capitale de l'Italie.*
Er lernt Deutsch. ➜ *Il apprend l'allemand.*

• les titres et prénoms : **Guten Tag, Herr Dr. Braun/Anna.** ➜ *Bonjour, docteur Braun/Anna.*

• les noms de matières, professions et nationalités : **Es ist aus Holz.** ➜ *C'est en bois.* **Er ist Lehrer/Schwede.** ➜ *Il est professeur/suédois.*

• quelque chose d'indénombrable/de partiel ; en français, on emploie *du/de la* : **Er hat Geld.** ➜ *Il a de l'argent.*

• quelque chose d'abstrait, un sentiment/ une sensation ; en français, on emploie *du/ de la* : **Er hat Glück.** ➜ *Il a de la chance.*

• des tournures avec **mit** (*avec*), **ohne** (*sans*), **zu** (*à/pour*) : **mit Frühstück** ➜ *avec petit déjeuner* ; **Zu Befehl!** ➜ *À vos ordres !*

• des indications de poids et de mesure ; en français, on emploie *de* : **ein Glas Milch** ➜ *un verre de lait.*

• des tournures temporelles avec **letzt-** (*dernier*) et **nächst-** (*prochain*) : **nächsten Samstag**, *samedi prochain* ; notez que ces tournures sont à l'accusatif.

Mais vous direz :

Da kommt ja der alte Tom. / Das alte Rom.
➜ *Voici le vieux Tom. / La Rome antique.* (nom propre précédé d'un adjectif qualificatif)

Ich trinke einen Kaffee. ➜ *Je bois un café.* (indication d'une quantité)

Wo ist das Geld? ➜ *Où est l'argent ?* (indication précise) ; **die Liebe zur Musik** ➜ *l'amour pour la musique.* (indication d'un amour précis)

6 Justifiez l'absence ou la présence d'article dans les phrases suivantes.

a. Wo warst du **letzte Woche?** ➜ ....

b. Er ist in **Österreich.** ➜ ....

c. Sie hat meistens **gute Ideen.** ➜ ....

d. **Ein Glas Wasser** bitte! ➜ ....

e. **Freiheit, Gleichheit, Brüderlichkeit!** ➜ ....

f. Ich trinke **Wein.** ➜ ....

g. Ach, **die süße Leticia!** ➜ ....

7 Vocabulaire autour des sentiments : traduisez les exemples suivants.

a. (die) Freude ➜ ....

b. (die) Ruhe ➜ ....

c. (die) Traurigkeit ➜ ....

d. (die) Geduld ➜ ....

e. (die) Angst ➜ ....

f. (der) Mut ➜ ....

g. (das) Vertrauen ➜ ....

Bravo, vous êtes venu(e) à bout du chapitre 2 ! Il est maintenant temps de comptabiliser les icônes et de reporter le résultat en page 128 pour l'évaluation finale.

3

Les pronoms personnels et réfléchis

Emploi et déclinaison des pronoms personnels

Ils se déclinent à tous les cas, mais ne s'emploient que très rarement au génitif. Souvenez-vous que **ihr** = *vous* pour tutoyer plusieurs personnes ; **sie** = *elle, ils* et *elles* ; **Sie** = *vous* pour vouvoyer une ou plusieurs personnes (et le verbe se conjugue comme la 3ᵉ personne du pluriel).

RÉVISION

1 Testez vos connaissances et complétez le tableau ci-dessous !

Nominatif	ich	du	er	sie	es	wir	ihr	sie	Sie
Accusatif	....	....	....	....	....	....	....	....	....
Datif	....	....	....	....	....	....	....	....	....

2 Déclinez les pronoms personnels entre parenthèses au cas adapté.

a. Bitte, folgen Sie .... **(ich)**!

b. Gehört es .... **(Sie)**?

c. Hallo, ich möchte .... **(ihr)** recht herzlich auf meiner neuen Internet-Seite begrüßen.

d. Manchmal verstehe ich .... **(er)** nicht.

e. Was ist mit .... **(du)** los?

f. Hat es .... **(ihr)** geschmeckt?

g. Kann .... **(wir)** jemand helfen?

3 Traduisez les phrases suivantes.

a. *À quelle heure venez-vous ?* (tutoiement)

➜ ....

b. *Où êtes-vous ?* (vouvoiement)

➜ ....

c. *Salut ! Ça, c'est pour vous.* (tutoiement)

➜ ....

d. *Ils sont arrivés ?*

➜ ....

4 Déclinez les pronoms personnels entre parenthèses au cas adapté et reliez chaque proverbe à sa traduction.

a. Beiß nicht in die Hand, •
die .... **(du)** füttert.

• **1.** *Ce qui ne te tue pas te rend plus fort.*

b. Was .... **(du)** nicht umbringt, •
macht .... **(du)** stark.

• **2.** *Ne remets pas au lendemain ce que tu peux faire le jour même.*

c. Ein Weg entsteht, •
wenn man .... **(er)** geht.

• **3.** *Ne mords pas la main qui te nourrit.*

d. Was .... **(du)** heute kannst •
besorgen, das verschiebe nicht auf morgen.

• **4.** *Le chemin se fait en marchant.*
(Littéralement : *Le chemin naît quand on le marche/va.*)

Der, die, das, die au lieu de *er, sie, es, sie*

Dans la langue parlée, **er/sie/es/sie** peuvent être remplacés par **der/die/das/die**. (À éviter dans un contexte plus formel)

Ils servent à accentuer la personne/chose désignée et sont fréquemment placés en tête de phrase. La déclinaison est la même que pour l'article défini, sauf à la 3e personne du datif pluriel : **denen**, et non **den**.

Schau mal die beiden Typen da! Die sehen aber toll aus.
➔ *Regarde ces deux types-là ! Ils sont vraiment super beaux.*

Nicht schlecht! Mit denen gehe ich gern mal etwas trinken.
➔ *Pas mal ! J'irais bien boire quelque chose avec eux.*

5 **Complétez les phrases avec der, die, das, die ou leurs formes déclinées.**

a. Schau mal, da kommt ja Peter. – Was ist denn mit .... los? .... sieht ja schrecklich aus.

b. Meine Nachbarn sind zum Glück umgezogen; .... waren so unfreundlich. Ich habe mich ständig mit .... gestritten.

c. Hast du Lust den letzten James Bond zu sehen? – .... habe ich schon gesehen. Und ganz ehrlich, ... hat mir nicht so gefallen.

d. Komm, ich möchte dir meine Freundin vorstellen. – .... kenne ich schon. Wir waren doch letzte Woche kurz mal bei .... zu Hause.

e. Wie war das Seminar? – Na ja, ... war OK, aber nicht super interessant.

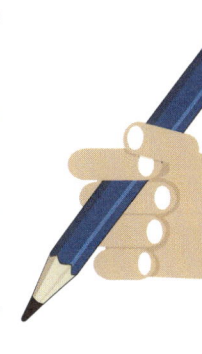

Es et *das*

Ils s'emploient dans des tournures impersonnelles, se traduisent par *il, ça, ce...* et dans la langue parlée, **es** est souvent remplacé par **das** : **Es (Das) ist gut**.

6 **Traduisez ces phrases en employant es.**

a. *Il est tard.* ➜ ....

b. *Ça me plaît.* ➜ ....

c. *Ça sent bon.* ➜ ....

d. *Ça me fait mal.* ➜ ....

e. *Ça pue.* ➜ ....

7 **Complétez les traductions avec les mots suivants :**

komisch   toll   dumm
peinlich   unglaublich

a. *C'est vraiment bête.* ➜ Das ist echt ....

b. *C'est bizarre.* ➜ Das ist ....

c. *Ça me gêne tellement.* ➜ Das ist mir so ....

d. *C'est quand même incroyable.* ➜ Das ist doch ....

e. *C'était génial.* ➜ Das war ....

Comment traduire les pronoms toniques français ?

L'allemand ne possède pas de pronoms toniques (*moi, toi*, etc.). Ils se traduisent par les pronoms personnels **ich, mich, mir, du**… Observez bien ces exemples avec leurs sous-entendus !

Ich heiße Anna. Und du? ➜ *Je m'appelle Anna. Et toi ?* (sous-entendu **Und wie heißt du?** ➜ *Et comment t'appelles-tu ?*, donc nominatif)

Es ärgert mich. Dich auch? ➜ *Ça m'embête. Toi aussi ?* (sous-entendu **Ärgert es dich auch?** ➜ *Ça t'embête aussi ?*, donc accusatif)

Mir ist langweilig! – Mir auch! ➜ *Je m'ennuie ! – Moi aussi !* (sous-entendu : **Mir ist auch langweilig.** Littéralement *À moi aussi est ennuyeux.*, donc datif.)

8 **Traduisez les pronoms toniques.**

a. Danke, mir geht's gut. Und ....?
➜ *Merci, je vais bien. Et toi ?*

b. Mir ist kalt. .... auch?
➜ *J'ai froid. Vous aussi ?* (tutoiement pluriel)

c. Ich bleibe lieber zu Hause. .... nicht?
➜ *Je préfère rester à la maison. Pas toi ?*

d. Es gefällt mir. – .... nicht.
➜ *Ça me plaît. – Moi pas.*

e. Ich bin müde. .... auch?
➜ *Je suis fatigué. Vous aussi ?* (vouvoiement)

Emploi et déclinaison des pronoms réfléchis

Il y a des pronoms réfléchis à l'accusatif et au datif. Ils se déclinent comme les pronoms personnels, sauf à la 3ᵉ personne du singulier et du pluriel ainsi qu'au vouvoiement. On emploie :

• l'accusatif lorsque la proposition ne comporte pas de complément accusatif : **sich waschen** ➜ *se laver* = **ich wasche mich, du wäschst dich, er wäscht sich, wir waschen uns, ihr wascht euch, sie/Sie waschen sich.**

• le datif lorsque la proposition comporte déjà un complément accusatif : **sich die Zähne putzen** ➜ *se brosser les dents* = **ich putze mir die Zähne, du putzt dir die Zähne, sie putzt sich die Zähne, wir putzen uns die Zähne, ihr putzt euch die Zähne, sie/Sie putzen sich die Zähne.**

Mais si le complément accusatif est introduit par une préposition, le pronom réfléchi est alors également à l'accusatif : **sich für jemanden freuen** ➜ *se réjouir pour quelqu'un* = **Ich freue mich für dich.**

Souvenez-vous qu'un verbe peut être pronominal en allemand mais pas en français, et vice versa.

9 **Complétez les phrases avec les verbes pronominaux suivants :**
sich schämen, sich vorstellen, sich ändern, sich fürchten, sich schneiden, sich beeilen

a. Die Zeiten .... ➜ *Les temps changent.*

b. Ich .... für dich. ➜ *J'ai honte pour toi.*

c. ....! Es ist spät. ➜ *Dépêche-toi ! Il est tard.*

d. Ich .... die Haare. ➜ *Je me coupe les cheveux.*

e. Wovor .... ihr ....? ➜ *De quoi avez-vous peur ?*

f. Kannst du .... umzuziehen? ➜ *Tu peux t'imaginer de déménager ?*

 **10** **Autour des noms désignant des personnes : traduisez !**

	1	2	3	4	5	6	7	8	9	10	11	12
A						F						
B												
C	L			B								J
D												
E												
F		N								E		
G												
H					J							
I								F				
J			K									
K												
L												
M						M						
N	B		B									
O												
P		M										
Q												
R	T									L		
S												
T			G									
U												
V			M									

Horizontal :

C1 (le) chéri(e)
F2 (le) nouveau-né
I8 (la) femme
J3 (les) enfants
M6 (les) hommes
N1 (le) bébé
P2 (la) fille
R1 (le) mort
T3 (le) vieillard
V3 (les) hommes (humains)

Vertical :

3N (le) marié
4C (la) mariée
5H (le) garçon
6A (les) ennemis
8I (l') amie
9R (les) gens
10F (l') adulte
12C (la) jeunesse

Bravo, vous êtes venu(e) à bout du chapitre 3 ! Il est maintenant temps de comptabiliser les icônes et de reporter le résultat en page 128 pour l'évaluation finale.

Les possessifs, indéfinis et démonstratifs

Les déterminants possessifs

Les déterminants possessifs sont un autre terme pour adjectifs possessifs.

Il s'agit de **mein, dein, sein**… (*mon, ton, son…*). Au singulier, ils suivent la déclinaison de **ein/eine/ein** (type III).

Das ist mein neues Auto. (nominatif) ➔ *C'est ma nouvelle voiture.*

Heute treffe ich meinen ehemaligen Freund. (accusatif) ➔ *Aujourd'hui, je rencontre mon ancien ami.*

Au pluriel, ils se déclinent comme suit :

meine neuen Schuhe (nominatif/accusatif) ;

meinen neuen Schuhen (datif) ; **meiner neuen Schuhe** (génitif) ➔ *mes nouvelles chaussures*

Attention à la 3e personne du singulier ! **Sein-** se réfère à un possesseur masculin ou neutre ; **ihr-** à un possesseur féminin. Par ailleurs, **ihr-** (avec **i** minuscule) correspond aussi à la 3e personne du pluriel.

Peter/Das Kind kommt mit seinem Vater. ➔ *Peter/L'enfant vient avec son père.*

Sabine kommt mit ihrem Bruder. ➔ *Sabine vient avec son frère.*

RÉVISION

1 **Vous souvenez-vous des autres déterminants possessifs ? Complétez le tableau au nominatif !**

	Masculin	Féminin	Neutre	Pluriel
ich	mein Vater	meine Mutter	mein Kind	meine Eltern
du	…… Vater	…… Mutter	…… Kind	…… Eltern
er/es	…… Vater	…… Mutter	…… Kind	…… Eltern
sie	…… Vater	…… Mutter	…… Kind	…… Eltern
wir	…… Vater	…… Mutter	…… Kind	…… Eltern
ihr	…… Vater	…… Mutter	…… Kind	…… Eltern
sie	…… Vater	…… Mutter	…… Kind	…… Eltern
Sie	…… Vater	…… Mutter	…… Kind	…… Eltern

2 **Complétez avec le déterminant possessif. Le possesseur est la personne en gras.**

a. Heute will **Petra** .... Mutter helfen.

b. Hat **du** dich von .... Großeltern verabschiedet?

c. **Er** wartet schon seit 20 Minuten mit .... Schwester.

d. Sag **Anna**, dass .... Pass auf dem Tisch liegt.

e. **Wir** möchten .... Eltern eine Überraschung machen.

f. Mensch! **Ich** habe .... Handtasche mit .... Papieren im Taxi vergessen.

g. Diese Kinder! Schon wieder haben **sie** .... Hausaufgaben nicht gemacht!

h. Ich freue mich **euch** zu sehen. Wie war denn .... Reise?

3 **Traduisez les phrases suivantes.**

a. *Sabine a écrit une lettre à son petit frère.*

➜ ....

b. *Les enfants sont avec leur grand-père en Allemagne.*

➜ ....

c. *Je connais Paul, mais je ne connais pas sa nouvelle femme.*

➜ ....

d. *Elle parle allemand avec ses enfants.*

➜ ....

Les pronoms possessifs

Ils correspondent à **meiner**, *le mien* / **meine**, *la mienne*… et se composent à partir du radical du déterminant possessif + terminaisons de **der, die, das, die**.

Mein Vater kann 4 Sprachen. ➜ *Mon père parle 4 langues.* – **Meiner kann 5 Sprachen.** (masculin nominatif) ➜ *Le mien parle 5 langues.*

Ils se déclinent à tous les cas, mais s'emploient peu au génitif.

RÉVISION 4 Vous souvenez-vous des autres pronoms possessifs ? Complétez le tableau au nominatif.

	Masculin	Féminin	Neutre	Pluriel
ich	meiner	meine	meins	meine
du	....	....	....	....
er/es	....	....	....	....
sie	....	....	....	....
wir	....	....	....	....
ihr	....	....	....	....
sie	....	....	....	....
Sie	....	....	....	....

RÉVISION 5 Déclinez **meiner, meine, meins, meine** à l'accusatif et au datif.

	Masculin	Féminin	Neutre	Pluriel
Nominatif	mein**er**	mein**e**	mein**s**	mein**e**
Accusatif	....	....	....	....
Datif	....	....	....	....

N.B. Ces terminaisons sont les mêmes pour tous les pronoms possessifs, ainsi que pour les indéfinis et les démonstratifs qui seront étudiés par la suite.

6 **Complétez les pronoms possessifs.**

Anna : Warum fahren wir nicht mit dem Auto?

Boris : Ja, aber mit welchem? **M**.............................. ist in der Werkstatt.

Karl : Und ich habe **m**........................... meiner Schwester geliehen. Aber vielleicht könnten wir mit **e**.............................. fahren.

Dorothea + Elisabeth : Mit **u**..............................? Unmöglich! Wir haben es verkauft.

Anna : Warum fragen wir nicht Peter und Sabine? Die sind doch so cool. Die würden uns bestimmt **i**............................. leihen.

Boris : Ach, ihr Auto ist schon so alt. Ich frage mal meine Schwester. Vielleicht leiht sie uns **i**............................. .

Anna : Na, dann viel Glück, denn mein Bruder würde mir **s**..................... nie leihen.

Les pronoms indéfinis *einer, eine, eins ; welcher, welche, welches, welche ; keiner, keine, keins, keine*

Leurs terminaisons sont les mêmes que pour **der, die, das, die** / les pronoms possessifs.

• **einer** masculin, **eine** féminin et **eins** neutre se traduisent par *quelqu'un/en... un(e)/un(e) de*.

Brauchst du einen Stift? ➜ *As-tu besoin d'un stylo ?* – **Danke, ich habe schon** einen. ➜ *Merci, j'en ai déjà un.*

• **welcher** masculin, **welche** féminin, **welches** neutre et **welche** pluriel indiquent une quantité partielle et se traduisent par *en*.

Brauchst du Papier? ➜ *As-tu besoin de papier ?* – **Danke, ich habe schon** welches. ➜ *Merci, j'en ai déjà.*

• **keiner** masculin, **keine** féminin, **keins** neutre et **keine** pluriel se traduisent par *aucun/personne/en... pas*. Ils sont la négation de **einer**... et du partitif **welcher**...

Brauchst du einen Stift? – Ja bitte, ich habe nämlich keinen. ➜ *Oui, s'il te plaît, car je n'en ai pas.*

Brauchst du Papier? – Ja bitte, ich habe nämlich keins. ➜ *Oui, s'il te plaît, car je n'en ai pas.*

7 **Complétez les phrases suivantes par einer, keiner, welcher ou l'une de leurs formes déclinées.**

a. Hat sie Kinder? – Nein, sie hat ....

b. Wer Wein möchte, kann gerne .... haben.

c. Er ist .... meiner besten Freunde.

d. Kannst du bitte Bier kaufen? – Wir haben doch .... im Kühlschrank.

– Nein, wir haben .... mehr.

e. Kauf mir bitte ein Heft. – Du hast doch schon ....

f. Hat er einen warmen Mantel? – Nein, leider hat er ....

Le pronom indéfini *man*

Il se traduit en français par *on* et s'emploie seulement au nominatif ; à l'accusatif et au datif, l'allemand utilise **einen, einem** ; le français utilise *vous*.

Man weiß nie! (nominatif) ➜ *On ne sait jamais !*

Hier kann einem nichts passieren. (datif) ➜ *Ici, rien ne peut vous arriver.*

Notez que, contrairement au français, **man** ne se substitue pas au pronom personnel **wir**. *On y va ?* ➜ **Gehen wir?**

8 **Complétez les phrases suivantes par man ou l'une de ses formes déclinées.**

a. In der Firma darf .... keine Pause machen.

b. .... muss nur arbeiten.

c. Wenn .... nur mit 5 Minuten Verspätung kommt,

schaut der Chef .... so komisch an.

d. Er kann .... nie helfen.

e. Und .... kann ihn auch nie etwas fragen.

f. Tja, es wird .... wirklich nicht leicht gemacht.

Les pronoms indéfinis *jemand* et *niemand*

Jemand se traduit par *quelqu'un* et **niemand** par *personne*. Ils ont la particularité de pouvoir se décliner ou non à l'accusatif et au datif : **jemand/niemand** (nominatif) ; **jemand(en)/niemand(en)** (accusatif) ; **jemand(em)/niemand(em)** (datif).

9 Traduisez les phrases suivantes et indiquez le cas échéant les deux variantes (forme déclinée ou non).

a. *A-t-elle vu quelqu'un ?*

→ ....

....

b. *Personne n'est venu.*

→ ....

....

c. *Je peux aider quelqu'un ?*

→ ....

....

Les indéfinis *jeder, jede, jedes*

Ils peuvent avoir la fonction de déterminants ou de pronoms et se déclinent dans les deux cas comme **der, die, das** / les pronoms possessifs au singulier (type I). Littéralement, ils correspondent à *chaque* et *chacun/chacune* en français, mais ils se traduisent aussi par *tous les* et *tout le monde*.

Er genießt jede freie Minute. → *Il savoure chaque minute de libre.* (déterminant accusatif féminin singulier)

Es ist Platz für jeden da. → *Il y a de la place pour tout le monde (là).* (pronom accusatif masculin singulier)

 **10** Complétez les phrases suivantes avec **jeder, jede, jedes**.

a. Es ist .... Mal das Gleiche. → *C'est **chaque** fois la même chose.*

b. Ich habe .... kleinste Detail überprüft. → *J'ai contrôlé **chaque** moindre détail.*

c. Es ist nicht .... gegeben. → *Ce n'est pas donné **à tout le monde**.*

d. .... ist anders. → ***Chacun** est différent.*

e. .... Fehler zählt. → ***Chaque** faute compte.*

Les indéfinis *alle, manche* et *mehrere, viele, wenige*

Attention aux subtilités qui existent au niveau de l'adjectif épithète !

Alle (*tous/toutes* et *tous les/toutes les*) et **manche** (*certains/certaines*) peuvent avoir la fonction de déterminants ou pronoms et suivent la déclinaison de **die** pluriel (type I).

Ich habe alle neuen Schüler getroffen. (déterminant accusatif pluriel) → *J'ai rencontré tous les nouveaux élèves.*

Ich habe alle getroffen. (pronom accusatif pluriel) → *Je les ai tous rencontrés.*

Mehrere (*plusieurs*), **viele** (*beaucoup (de)*) et **wenige** (*peu (de)*) sont et se déclinent comme des adjectifs épithètes au pluriel du type II. Dans un groupe nominal comportant un ou plusieurs autres adjectifs épithètes, ceux-ci se déclinent comme **mehrere, viele ou wenige**.

Ich habe viele neue (interessante) Schüler getroffen. (accusatif pluriel) → *J'ai rencontré beaucoup de nouveaux élèves (intéressants).*

Viele sagen, dass... (nominatif pluriel) → *Beaucoup disent que...*

Observez bien le tableau ci-dessous.

<u>À noter</u> : **viel** et **wenig** s'emploient aussi au singulier avec des indénombrables et sont généralement invariables : **mit viel/wenig Geld** → *avec beaucoup/peu d'argent.*

Nominatif	alle/manche neuen Punkte alle/manche	mehrere/viele/wenige neue Punkte mehrere/viele/wenige
Accusatif	alle/manche neuen Punkte alle/manche	mehrere/viele/wenige neue Punkte mehrere/viele/wenige
Datif	allen/manchen neuen Punkten allen/manchen	mehreren/vielen/wenigen neuen Punkten mehreren/vielen/wenigen
Génitif	aller/mancher neuen Punkte aller/mancher	mehrerer/vieler/weniger neuer Punkte mehrerer/vieler/weniger

 **11** Ajoutez les terminaisons.

a. Ich habe viel............... cool............... Leute kennengelernt.

b. Viel............... sagen, dass es nicht stimmt.

c. Mehrer............... klein............... Geschäfte mussten schließen.

d. Das ist das Informationsblatt für all............... neu............... Schüler.

e. Ich habe es euch all............... gesagt.

f. Manch............... wichtig............... Punkte sind nicht besprochen worden.

g. Er hat viel............... Kraft.

Les démonstratifs *dieser, diese, dieses, diese*

Ils peuvent avoir la fonction de déterminants ou de pronoms et correspondent à *ce/ cette/ces* et *celui/celle(s)/ceux-ci* en français ; ils suivent la déclinaison de **der, die, das, die** (type I).

Siehst du dieses kleine Mädchen? → *Tu vois cette petite fille ?* (déterminant accusatif neutre singulier)

Welches Kleid möchtest du anziehen? – Dieses. → *Quelle robe aimerais-tu mettre ? – Celle-ci.* (pronom accusatif neutre singulier)

12 Complétez avec les terminaisons.

a. In welchem Hotel seid ihr? – In dies...............

b. Was mache ich mit dies............... leer............... Flaschen?

c. Welches Hemd gefällt dir besser? – Dies...............

d. Ich bin der Autor dies............... Buch...............

e. Siehst du dies............... jung............... Mann da hinten?

f. Bei dies............... Wetter wollen wir nur schlafen.

g. Gefallen dir die Schuhe? – Geht so. Dies............... hier finde ich schöner.

13 Autour de la famille. Complétez les phrases avec :

Schwager **Neffe** **Enkelin** **Schwiegermutter**

Schwiegersohn **Stiefmutter** **Nichte**

a. Die Tochter meiner Tochter ist meine ....

b. Die Tochter meines Bruders ist meine ....

c. Die Mutter meines Mannes ist meine ....

d. Der Mann meiner Schwester ist mein ....

e. Die neue Frau meines Vaters ist meine ....

f. Der Mann meiner Tochter ist mein ....

g. Der Sohn meiner Schwester ist mein ....

14 Traduisez les noms suivants.

a. *le beau-père* ➜ ....

b. *le petit-fils* ➜ ....

c. *le grand-père* ➜ ....

d. *l'arrière-grand-mère* ➜ ....

e. *l'oncle* ➜ ....

f. *la tante* ➜ ....

g. *le cousin* ➜ ....

h. *la cousine* ➜ ....

Bravo, vous êtes venu(e) à bout du chapitre 4 ! Il est maintenant temps de comptabiliser les icônes et de reporter le résultat en page 128 pour l'évaluation finale.

5
L'adjectif qualificatif
et ses degrés de comparaison

L'adjectif attribut et épithète

En allemand, l'adjectif attribut est invariable ; seul l'adjectif épithète s'accorde, et l'accord est le même pour tous les adjectifs épithètes du même groupe nominal.

– Attribut : **Der Film ist neu./Die Filme sind neu.**

– Épithète : **Ist das der neue Film?**
Hast du den neuen japanischen Film gesehen?

En général, l'adjectif épithète et l'adjectif attribut ont le même radical. Il existe néanmoins quelques irrégularités :

• De nombreux adjectifs en **-el** et **-er** (mais pas tous !) perdent le **e** du radical lorsqu'ils sont épithètes.

Paul ist sensibel. → **Paul ist ein sensibles Kind.**

❶ Complétez avec l'adjectif épithète. Attention aux irrégularités.

a. **schön** - die .... Schuhe

b. **teuer** - das .... Auto

c. **sauer** - ein .... Apfel

d. **edel** - ein .... Mann

e. **sauber** - die .... Wäsche

f. **lang** - ein .... Kleid

Les degrés de comparaison

On distingue trois degrés de comparaison.

• Le comparatif d'égalité marque l'égalité entre deux (groupes de) personnes/choses et se forme comme suit : **so** + adjectif attribut/adverbe + **wie**. **Die rote Decke ist so warm wie die grüne** ➜ *La couverture rouge est aussi chaude que la verte.*

• Le comparatif de supériorité s'emploie pour comparer deux (groupes de) personnes/choses. Il se forme comme suit :

– adjectif attribut/adverbe : adjectif qualificatif + **-er** et Umlaut éventuel sur le **a, o, u**. **Die rote Decke ist wärmer (als die grüne)** ➜ *La couverture rouge est plus chaude (que la verte).* **Er fährt schneller.** ➜ *Il roule plus vite.*

– adjectif épithète : adjectif qualificatif + **-er** et Umlaut éventuel sur le **a, o, u** + terminaison de l'adjectif épithète. **Ich brauche eine wärmere Decke (als die grüne)** ➜ *J'ai besoin d'une couverture plus chaude (que la verte).*

À noter : *que* se traduit par **als**.

• Le superlatif s'emploie pour comparer trois (groupes de) personnes/choses ou plus et se construit comme suit :

– adjectif attribut/adverbe : **am** + adjectif qualificatif + **-sten** et Umlaut éventuel sur le **a, o, u. Am wärmsten ist die rote Decke / Die rote Decke ist am wärmsten** ➜ *La couverture rouge est la plus chaude.* **Er fährt am schnellsten** ➜ *Il roule le plus vite.*

À noter : **am** + superlatif se trouve souvent en début de phrase.

– adjectif épithète : adjectif qualificatif + **-st** et Umlaut éventuel sur le **a, o, u** et terminaison de l'adjectif épithète. **Ich brauche die wärmste Decke** ➜ *J'ai besoin de la couverture la plus chaude.*

2 **Transformez ces phrases au comparatif de supériorité.**

a. Hast du einen spitzen Bleistift?

....

b. Ich brauche dünne Strümpfe.

....

c. Ich bin so alt wie du.

....

d. Er rennt so schnell wie ich.

....

3 Mettez les adjectifs entre parenthèses au superlatif.

a. Ich nehme das .... **(billig)** Modell.

b. Wie geht es .... **(schnell)**? Mit dem Bus, Zug oder Auto?

c. Ich bin .... **(klein)** von allen.

d. Wie alt ist die .... **(alt)** Frau der Welt?

Attention aux particularités !

• Élision du **e** du radical au comparatif de supériorité pour de nombreux adjectifs en **-el** et **-er** : **sensibel**, *sensible* → **sensibler als/der sensiblere.**

• Ajout d'un **e** intercalaire au superlatif pour de nombreux adjectifs terminés en **-d, -t, -s/-ss, -ß, -z, -sch** : **breit**, *large* → **am breitesten/der breiteste**. Mais cela ne vaut ni pour **groß**, ni pour **spannend**, *passionnant* → **am größten/der größte** et **am spannendsten/der spannendste.**

• **gut** (*bien/bon*), **hoch** (*haut*), **nah** (*proche*), **viel** (*beaucoup/nombreux*) présentent des formes très irrégulières.

4 Mettez les adjectifs au comparatif de supériorité ou au superlatif selon le cas.

a. Das Taxi war .... **(teuer)** als der Flug.

b. Es ist das .... **(spannend)** Buch, das ich je gelesen habe.

c. Welches Tier kann .... **(weit)** springen?

d. Wer ist das .... **(hübsch)** Mädchen an der Schule?

e. Die Schuhe sind etwas .... **(dunkel)** als die anderen.

RÉVISION

5 Complétez le tableau.

	Comparatif de supériorité	Superlatif
gut	besser der	am .... der ....
hoch	.... der höhere	am .... der ....
nah	.... der	am nächsten der ....
viel	mehr mehrere	am .... die ....

Tournures avec *gern/lieber/am liebsten*

Gern, lieber et **am liebsten** + verbe expriment le goût/la préférence.

• **gern** signifie que l'on aime (bien) faire quelque chose.

Ich spiele gern Tennis. → *J'aime (bien) jouer au tennis.*

• **lieber** signifie que l'on préfère faire quelque chose par rapport à autre chose.

Ich spiele lieber Basketball (als Tennis). → *Je préfère jouer au basket (qu'au tennis).*

• **am liebsten** exprime la préférence absolue par rapport à plusieurs choses.

Aber am liebsten spiele ich Fußball. / Ich spiele aber am liebsten Fußball. → *Ce que j'aime le plus, c'est jouer au football.*

• **gern, lieber, am liebsten haben** signifient *bien aimer, préférer (le plus) quelque chose/ quelqu'un.* **Ich habe ihn gern.** → *Je l'aime bien.*

6 Complétez les phrases suivantes par **gern**, **lieber** ou **am liebsten**.

a. Isst du .... Sushi? Geht so!

b. Kommst du mit ins Kino? – Nein, danke. Ich bleibe .... zu Hause.

c. Spielst du .... Tennis oder Fußball? – Ich spiele beides

....

d. Was trinken Sie ....? Rotwein, Weißwein oder Bier?

e. Ich esse nicht .... spät.

7 Traduisez les phrases suivantes.

a. *Quelle robe préfères-tu ? La rouge ou la verte ?*

➜ ....

b. *Tu aimes bien la musique classique ?*

➜ ....

c. *Quelle couleur préfères-tu le plus ?*

➜ ....

Tournures avec *je...*, *desto...* ou *umso..., umso...*

Elles sont synonymes et se traduisent par *plus..., plus...* La tournure **umso..., umso...** relève du langage parlé.

Je/umso + comparatif de supériorité + sujet + (compléments) + (infinitif/participe passé) + verbe conjugué.

desto/umso + comparatif de supériorité + verbe conjugué + sujet + (compléments) + (infinitif/participe passé).

Je/umso schneller wir die Küche putzen, desto/umso füher sind wir fertig. ➜ *Plus vite on nettoiera la cuisine, plus vite on aura terminé.*

Notez que **je/umso weniger..., desto/umso weniger...** se traduit par *moins..., moins...* et **je/umso besser..., desto/umso besser...** par *mieux..., mieux...*

Je/umso besser du arbeitest, desto/umso besser sind deine Chance. ➜ *Mieux tu travailles, mieux seront tes chances.*

8 Transformez les phrases selon l'exemple.

Du übst regelmäßig. Du fühlst dich sicher.
→ Je/umso regelmäßiger du übst, desto/umso sicherer fühlst du dich.

a. Du wiederholst oft die Wörter. Du kannst sie dir gut merken.

→ ....

b. Du arbeitest wenig. Du verdienst wenig.

→ ....

c. Der Wind bläst stark. Die Wellen sind groß.

→ ....

Noms géographiques employés comme adjectifs

Les noms de villes/pays peuvent également être employés comme adjectifs. Dans ce cas, ils se terminent en **-er**, sont invariables et gardent la majuscule : **der Wiener Walser** → *la valse viennoise.*

 9 Complétez les traductions.

a. *la bière munichoise* → das .... Bier

b. *la mode parisienne* → die .... Mode

c. *le mur de Berlin* → die .... Mauer

d. *le fromage suisse* → der .... Käse

Bravo, vous êtes venu(e) à bout du chapitre 5 ! Il est maintenant temps de comptabiliser les icônes et de reporter le résultat en page 128 pour l'évaluation finale.

Prépositions et adverbes de lieu

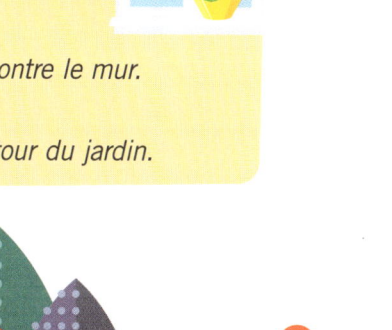

Prépositions de lieu + accusatif

- **durch**, *à travers/par*. Contraction possible : **durch das = durchs**.
Er beobachtet mich durchs Fenster. ➜ *Il m'observe par la fenêtre.*
- **… entlang**, *le long de*.
Fahr immer das Ufer entlang. ➜ *Roule toujours le long de la rive.*
- **gegen**, *contre*. Marque un choc.
Er hat den Stift gegen die Wand geschmissen. ➜ *Il a jeté le stylo contre le mur.*
- **um… (herum)**, *autour de*. Se construit avec ou sans **herum**.
Um den Garten (herum) gibt es einen Zaun. ➜ *Il y a un grillage autour du jardin.*

I Complétez les phrases avec les prépositions ci-dessus.

a. Er ist voll .... den Baum gefahren.

b. Sie spazieren die Küste ....

c. Sie standen alle .... mich ....

d. Sie können auch .... die Stadt spazieren.

Prépositions de lieu + datif

• **ab**, *de/à partir de*. Marque le point de départ.

Ab der Ampel fahren Sie immer geradeaus.
➔ *Allez toujours tout droit à partir du feu tricolore.* **Der Zug geht ab Bonn.** ➔ *Le train part de Bonn.*

• **aus**, *de*. Marque la sortie ou la provenance. S'emploie avec les noms de lieu en général et les noms géographiques avec ou sans article.

Kommt alle aus dem Haus.
➔ *Sortez tous de la maison.*

Er kommt aus Rom/aus den Vereinigten Staaten. ➔ *Il vient de Rome/des États-Unis.*

• **bei**, *chez/à/près de*. Marque le locatif (où on est) et s'emploie avec les personnes et de nombreux lieux (travail/société, administrations, commerces...). Avec un nom géographique, **bei** marque la proximité. Contraction possible : **bei dem = beim**.

Er ist bei ihr. ➔ *Il est chez elle.*

Er arbeitet bei BMW. ➔ *Il travaille chez BMW.*

Ich kaufe das Brot bei der Bäckerei (aussi **in der Bäckerei**). ➔ *J'achète le pain à la boulangerie.*

Es liegt bei Bonn. ➔ *C'est près de Bonn.*

• **gegenüber**, *en face de*.

Es liegt gegenüber der Post/der Post gegenüber. ➔ *C'est en face de la poste.*

• **nach**, *à* (directionnel) et **bis nach**, *jusqu'à*. Marquent la direction avec un nom géographique sans article et le mot **Haus**.

Er fährt nach Berlin/nach Hause.
➔ *Il va à Berlin/à la maison.*

Er fährt bis nach Berlin. ➔ *Il va jusqu'à Berlin.*

• **von**, *de (chez)*. Marque le lieu d'où l'on vient et s'emploie avec des personnes et lieux. Contraction possible : **von dem = vom**.

Ich komme von meinem Bruder.
➔ *Je viens de chez mon frère.*

Er kommt gerade von der Arbeit.
➔ *Il vient du travail.*

Notez aussi : **Ich komme von zu Hause.**
➔ *Je viens de chez moi/de la maison.*

• **zu**, *chez/à* (directionnel) et **bis zu**, *jusqu'à*. Marquent la destination avec des noms de personnes et de nombreux lieux (administrations, commerces...). Contractions possibles : **zu dem = zum** ; **zu der = zur**.

Ich gehe zum Arzt/zur Bank. ➔ *Je vais chez le médecin/à la banque.*

Fahren Sie geradeaus bis zum Bahnhof.
➔ *Allez tout droit jusqu'à la gare.*

Notez : **Ich bin zu Hause.** ➔ *Je suis à la maison.*

 Complétez les phrases avec les prépositions ci-dessus. Certains articles sont contractés.

a. Ich fahre dich ....r Bushaltestelle. ➔ *Je te conduis jusqu'à l'arrêt de bus.*

b. Der Flug geht .... Frankfurt. ➔ *Le vol part de Francfort.*

c. Ich fahre .... meinem Freund. ➔ *Je vais chez mon ami.*

d. Ich komme gerade .... meiner Schwester. ➔ *Je viens justement de chez ma sœur.*

e. Ich arbeite .... Siemens. ➔ *Je travaille chez Siemens.*

3 Complétez de même, cette fois sans la traduction. Certains articles sont contractés.

a. Wann fährst du ....r Arbeit?

b. Es liegt .... München.

c. Nimm die Hände .... den Taschen!

d. Ich muss ....r Post.

e. Er ist .... Hause geblieben.

f. Ich fliege .... Rom.

Prépositions de lieu + génitif (langue parlée : datif)

- **außerhalb** (langue parlée : **außerhalb von** + datif), *à l'extérieur de/en dehors de*.
- **innerhalb** (langue parlée : **innerhalb von** + datif), *à l'intérieur de*.

außerhalb der Stadt/Deutschlands = außerhalb von der Stadt/von Deutschland
➔ *en dehors de la ville/de l'Allemagne*.

4 Traduisez les exemples suivants dans la langue écrite et parlée.

a. *à l'intérieur de l'aéroport*

➔

b. *à l'intérieur de l'Europe*

➔ ....

c. *à l'extérieur de la gare*

➔

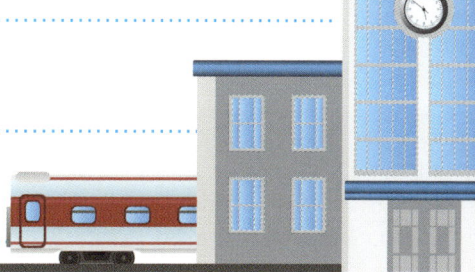

Prépositions mixtes

Il s'agit des neuf prépositions de lieu suivantes :

- **an**, *à/auprès de/au bord de*. Contractions possibles : **an das = ans** ; **an dem = am**.
- **auf**, *sur*. Contraction en langue parlée : **auf das = aufs**.
- **hinter**, *derrière*. Contractions en langue parlée : **hinter das = hinters** ; **hinter dem = hinterm**.
- **in**, *dans/en*. Contractions possibles : **in das = ins** ; **in dem = im**.
- **neben**, *à côté de*.
- **über**, *au-dessus de*. Contractions en langue parlée : **über das = übers** ; **über dem = überm**.
- **unter**, *sous*. Contraction en langue parlée : **unter dem = unterm**.
- **vor**, *devant*. Contractions en langue parlée : **vor das = vors** ; **vor dem = vorm**.
- **zwischen**, *entre*.

Elles régissent l'accusatif lorsqu'elles expriment un directionnel/changement de lieu et le datif lorsqu'elles expriment un locatif.

Ich fahre ans Meer. ➜ *Je vais à la mer.*

Ich wohne am Meer. ➜ *J'habite au bord de la mer.*

Attention : locatif ne veut pas dire statique. Pour exprimer un mouvement au sein du même lieu, on emploie aussi le datif.

Er geht im Zimmer hin und her. ➜ *Il fait les cent pas dans la pièce.*

 Complétez les phrases avec les prépositions mixtes et les terminaisons des articles.

a. Peter schläft .... ein.............. Baum. ➜ *Peter dort sous un arbre.*

b. Sie steigt .... d.............. Zug ein. ➜ *Elle monte dans le train.*

c. Wir gehen .... d............. Strand. ➜ *Nous allons à la plage.*

d. Stell es .... d.............. Schrank. ➜ *Mets-le derrière l'armoire.*

e. Die Kinder hüpfen .... d............. Bett. ➜ *Les enfants sautent (font des bonds) sur le lit.*

Complétez les phrases avec les prépositions contractées de la langue parlée.

a. Stell den Stuhl .... Fenster. ➜ *Mets la chaise devant la fenêtre.*

b. Sie wohnt .... Kino. ➜ *Elle habite derrière le cinéma.*

c. Setz dich doch .... Bett. ➜ *Assieds-toi donc sur le lit.*

d. Was hängt .... Bett? ➜ *Qu'est-ce qui pend au-dessus du lit ?*

La préposition *in*

C'est l'une des prépositions les plus complexes à traduire. Selon son emploi, elle se traduit par *dans*, *en* mais aussi par *à* ou *sur* pour un directionnel ou un locatif. Elle s'emploie avec les noms marquant :

• un espace culturel/de loisirs : cinéma, théâtre, concert, opéra, piscine, discothèque…

Morgen gehe ich in die Oper.
➜ *Demain, je vais à l'opéra.*

• un espace d'accueil : hôtel, restaurant, hôpital, école…

Ist er immer noch im Krankenhaus?
➜ *Est-il toujours à l'hôpital ?*

• autres espaces comme le bureau, le lit…

Ich muss ins Büro.
➜ *Je dois aller au bureau.*

• un support écrit/audiovisuel : journal, livre, télé, radio, Internet…

Es steht im Internet.
➜ *C'est sur Internet.*

Elle marque aussi :

• le locatif avec tous les noms géographiques

Ich bin in Bayern/in der Schweiz.
➜ *Je suis en Bavière/en Suisse.*

• la destination avec tous les noms géographiques ayant un article

Ich fahre in die Schweiz.
➜ *Je vais en Suisse.*

7 Complétez les phrases avec les mots suivants :

Kino **Bett** **Fernsehen** **Restaurant**

Radio **Türkei** **Hotel** **Schule**

a. Was läuft heute Abend im ....?

b. Nicht alle Kinder können in die .... gehen.

c. Kommst du mit uns ins ....? Wir möchten den letzten James Bond sehen.

d. Wo übernachtet ihr? – Im ....

e. Ich habe keine Lust zu kochen. Lass uns ins .... gehen.

f. Ich habe es im .... gehört.

g. Geh doch ins ...., wenn du müde bist.

h. Morgen fliege ich in die ....

Emploi des adverbes de lieu

Là aussi, il faut faire la distinction entre un adverbe exprimant :

- le locatif **Wo?** : il s'emploie tel quel **Ich wohne dort.**
  ➔ *Je vis là-bas.*
- la direction **Wohin?** : il s'emploie avec **-hin** ou **nach.**
  Fahr nach links! ➔ *Va à gauche !*
- la provenance **Woher?** : il s'emploie avec **-her** ou **von**
  Er kam von rechts. ➔ *Il venait de droite.*

N.B. Il existe de nombreuses variantes. En voici plusieurs !

Wo? *où*	Wohin? *où*	Woher? *d'où*
hier, da, dort *ici, là, là-bas*	**hierhin, dahin/nach da, dorthin/nach dort** *ici, là, là-bas*	**von hier, von da, von dort** *d'ici, de là, de là-bas*
draußen, drinnen *dehors, dedans*	**hinaus/raus/nach draußen, hinein/rein/nach drinnen** *dehors, dedans*	**von draußen, von drinnen** *de dehors, de dedans/ l'intérieur*
oben, unten *en haut, en bas*	**nach oben, nach unten** *en haut, en bas*	**von oben, von unten** *d'en haut, d'en bas*
hinten, vorn *derrière, devant*	**nach hinten, nach vorn** *derrière, devant*	**von hinten, von vorn** *de derrière, de devant*
links, rechts *à gauche, à droite*	**nach links, nach rechts** *à gauche, à droite*	**von links, von rechts** *de la gauche, de la droite*
irgendwo, nirgendwo, überall *quelque part, nulle part, partout*	**irgendwohin, nirgendwohin, überallhin** *quelque part, nulle part, partout*	**irgendwoher, nirgendwoher, überallher** *de quelque part, de nulle part, de partout*

8 Complétez les phrases au moyen des adverbes indiqués entre parenthèses (+ éventuelles variantes).

a. Ich schlafe lieber .... **(en bas)**

b. Der Lärm kommt .... **(d'en haut)**

c. Das Auto kam .... **(de gauche)**

d. Fahr mich .... **(quelque part)**

e. Stell die Stühle .... in den Garten. **(dehors)**

9 Complétez les phrases avec les adverbes suivants :

draußen   **drinnen**   **nirgendwohin**   **hier**

a. Oh je, es regnet! Und die ganze Wäsche hängt ....

b. Es ist kalt. Lass uns .... essen.

c. Sind Sie zum ersten Mal .... bei uns?

d. Der Weg führt ....

10 Testez vos connaissances concernant les noms de pays !
Ajoutez un article si nécessaire et des parenthèses s'il est facultatif.

a. .... Brasilien

b. .... Türkei

c. .... Portugal

d. .... Iran

e. .... Ukraine

f. .... Russland

g. .... Niederlande

h. .... Vatikan

i. .... USA

j. .... Schweiz

k. .... Vereinigten Staaten

l. .... Polen

Bravo, vous êtes venu(e) à bout du chapitre 6! Il est maintenant temps de comptabiliser les icônes et de reporter le résultat en page 128 pour l'évaluation finale.

Prépositions et adverbes de temps

Les prépositions de temps + accusatif

- **bis** (+ nom sans article ou **nächst-/letzt-**), *à (jusqu')à (prochain/dernier)*.

bis Montag/bis nächsten Freitag ➜ *(jusqu')à lundi/ (jusqu')à vendredi prochain.*

- **gegen**, *vers/aux environs*. S'emploie avec les heures et les mots **Mittag** et **Abend**.

gegen 8 Uhr/Abend ➜ *vers 8 heures/dans la soirée*

- **um**, *à*. S'emploie avec les heures.

um 9 Uhr/um diese Uhrzeit ➜ *à 9 heures /à cette heure-ci.*

- **um… herum**, *aux environs de*. S'emploie avec les dates.

um den zweiten (Oktober) herum
➜ *aux environs du 2 (octobre)*

I Complétez les phrases avec une préposition régissant l'accusatif.

a. .... Mittag ➜ *vers midi*

b. .... letztes Jahr ➜ *jusqu'à l'an dernier*

c. .... den 5 Mai .... ➜ *aux environs du 5 mai*

d. .... 10 Uhr ➜ *vers 10 heures*

e. .... 21 Uhr 10 ➜ *à 21 h 10*

Les prépositions de temps + datif

- **ab**, *à partir de.*

ab heute/dem 1. (ersten) Mai ➜ *à partir d'aujourd'hui/à partir du 1er mai*

- **an**, *à.* S'emploie avec une date, les moments de la journée, ainsi que pour les jours fériés dans le sud de l'Allemagne.

am 7. (siebten) Juni/am Morgen/an Ostern ➜ *le 7 juin/le matin/à Pâques*

Exception : **die Nacht** régit la préposition **in** : **in der Nacht**.

- **bis zu**, *jusqu'à* (+ nom avec article).

bis zum letzten Moment
➜ *jusqu'au dernier moment*

- **in**, *au/dans/en.* S'emploie avec les mois, saisons, décennies, siècles.

im Juni/im Sommer/in den Siebzigern/im zwanzigsten Jahrhundert. *En juin/en été/ dans les années 70/au XXᵉ siècle*

Notez aussi la tournure **in letzter Zeit** ➜ *ces derniers temps.*

- **nach**, *après.*

nach dem Frühstück
➜ *après le petit déjeuner*

- **seit**, *depuis.*

seit letztem Jahr ➜ *depuis l'année dernière*

- **vom... bis zum**, *du... jusqu'au.* S'emploie avec les dates.

vom 2. (zweiten) bis zum 10. (zehnten) Juni ➜ *du 2 au 10 juin*

- **vor**, *avant* et *il y a.*

vor dem Frühstück ➜ *avant le petit-déjeuner*

vor einer Woche ➜ *il y a une semaine*

- **zu**, *à.* S'emploie avec les jours fériés dans le nord de l'Allemagne.

zu Ostern ➜ *à Pâques*

- **zwischen**, *entre.*

zwischen dem 3. (dritten) und 8. (achten) März
➜ *entre le 3 et le 8 mars*

 **Entourez la préposition adéquate.**

a. Ich wohne schon   zwischen   /   seit   /   bis zu   2 Jahren in Berlin.

b. Was machst du   ab   /   in   /   am   31. Dezember?

c. Das war die Mode   an   /   zwischen   /   in   den Sechzigern.

d. An   /   Ab   /   In   Weihnachten versammelt sich immer die ganze Familie.

e. Seit   /   Ab   /   Nach   nächster Woche habe ich meine eigene Wohnung.

f. Ich arbeite   bis zum   /   zu   /   nach   16. August.

3 Traduisez les phrases suivantes.

a. *entre Noël et Nouvel An*

➜ ....

b. *jusqu'au 12 juillet*

➜ ....

c. *du 07/07 au 02/08*

➜ ....

d. *à partir de demain*

➜ ....

Les prépositions de temps + génitif

• **außerhalb**, *en dehors de.*
außerhalb der Öffnungszeiten ➜ *en dehors des heures d'ouverture*
• **innerhalb** (langue parlée : **innerhalb von** + datif), *en l'espace de.*
innerhalb eines Tages (innerhalb von einem Tag) ➜ *en l'espace d'une journée*
• **während**, *pendant* (langue parlée + datif).
während der (den) Ferien ➜ *pendant les vacances*

4 Traduisez les phrases suivantes et indiquez, le cas échéant, les variantes de la langue parlée.

a. *Pendant les vacances, je n'ai pas le temps.*

➜ ....

b. *Il a appris le russe en l'espace d'un an.*

➜ ....

c. *J'aimerais le rencontrer en dehors des heures de travail.*

➜ ....

Vor et seit

Faites bien la différence entre **vor**, *avant* ou *il y a* qui indique un moment précis, et **seit**, *depuis* qui indique la durée. Ces prépositions prêtent quelquefois à confusion.

5 *Vor* ou *seit* ?

a. A: Wie lange arbeitest du schon?

b. B: .... 34 Jahren.

c. A: Und wann hast du in der Firma angefangen?

d. B: .... 25 Jahren.

e. A: .... 25 Jahren schon! Da hat sich bestimmt vieles verändert.

f. B: Natürlich. Die größte Veränderung kam .... 19 Jahren durch die Fusion.

Das war noch .... deiner Ankunft. Damals waren wir eine kleine Firma mit 18

Angestellten, aber .... der Fusion sind wir immer mehr gewachsen. Und nun

sind wir über 650 Angestellte. Die Zeiten ändern sich.

Emploi des adverbes de temps et *nur* ou *erst*

Comme en français, ils peuvent marquer le passé, le présent, le futur, la durée, la répétition… Méfiez-vous des adverbes **erst** et **nur** : ils se traduisent par *ne… que…/seulement* mais s'emploient différemment :

• **erst** temporel est à comprendre à partir d'une certaine attente/impatience du locuteur et sous-entend *pas plus tôt que*.

Sie kommt erst am Montag. → *Elle ne viendra que lundi. (on l'attendait plus tôt)*

• **erst** quantitatif note une restriction provisoire (durée/âge/quantité).

Er ist erst sieben Jahre alt. → *Il n'a que sept ans. (mais il va grandir)*

Ich habe erst drei Seiten gelesen. → *Je n'ai lu que trois pages. (mais je vais en lire plus)*

• **nur** quantitatif indique une restriction définitive (durée…) et sous-entend *uniquement*.

Sie kommt nur am Montag. → *Elle ne vient que lundi. (pas les autres jours)*

 **6** **Testez vos connaissances !**
Traduisez les adverbes suivants.

a. früher ➜ ....

b. gerade ➜ ....

c. jetzt ➜ ....

d. sofort/gleich ➜ ....

e. lange ➜ ....

f. wieder ➜ ....

g. oft ➜ ....

h. immer ➜ ....

i. selten ➜ ....

j. meistens ➜ ....

k. niemals ➜ ....

l. manchmal ➜ ....

m. zuerst ➜ ....

n. dann ➜ ....

o. endlich ➜ ....

p. schließlich ➜ ....

 **7** **Erst ou nur ?**

a. Du hast Zeit, du bist .... 17.

b. Wie viele Zimmer hat das Haus? .... drei, es ist klein.

c. Ich kann leider .... 1 Stunde bleiben.

d. Ist er schon da? – Nein, er kommt .... morgen.

La météo. Traduisez les noms suivants.

Horizontal :

B8 nuage
C4 vent
D11 temps (météo)
E1 éclair
H3 printemps
K6 été
O1 automne
R3 soleil
T4 pluie

Vertical :

1O grosse chaleur, canicule
2C (le) froid
3J hiver
4A orage
5O neige
6F saison
9A tonnerre
11I chaleur
12A brouillard
14A verglas

	1	2	3	4	5	6	7	8	9	10	11	12	13	14	15	16
A				G					D			N		G		
B								W								
C		K		W												
D											W					
E	B															
F																
G																
H			F													
I											W					
J			W													
K						S										
L																
M																
N																
O	H				S											
P																
Q																
R			S													
S																
T				R												

Bravo, vous êtes venu(e) à bout du chapitre 7 ! Il est maintenant temps de comptabiliser les icônes et de reporter le résultat en page 128 pour l'évaluation finale.

8
Présent de l'indicatif, futur I et impératif

Emploi et conjugaison du présent de l'indicatif

Il exprime une situation/habitude du présent ainsi qu'une vérité générale. Au niveau de la conjugaison, on distingue verbes réguliers et irréguliers (= avec changement de voyelle). Souvenez-vous aussi que la terminaison infinitive est **-en** pour la très grande majorité des verbes, et **-n** dans de rares cas.

Les verbes réguliers se conjuguent comme suit : radical de l'infinitif + terminaisons du présent, **sag**en → **ich sag**e.

Vous souvenez vous des autres terminaisons ?

-50%

RÉVISION

1 Testez vos connaissances et complétez ces verbes réguliers avec les terminaisons du présent de l'indicatif.

a. du komm............................. / du bleib.............................

b. er mach............................. / er geh.............................

c. wir sag............................. / wir mein.............................

d. ihr kauf............................. / ihr schreib.............................

e. sie/Sie glaub............................. / sie/Sie trink.............................

Les verbes irréguliers au présent de l'indicatif

Ils ont pour particularité de changer de voyelle aux 2e et 3e personnes du singulier tout en gardant les terminaisons des verbes réguliers ; les autres personnes se conjuguent comme les verbes réguliers. Cela concerne de nombreux verbes (mais pas tous) ayant un radical avec **a** ou **e** : le **a** devient **ä** : **fahren → du fährst, er fährt** ; le **e** devient **i** ou **ie** : **treffen → du triffst, er trifft** ; **stehlen → du stiehlst, er stiehlt**. Notez aussi **stoßen**, *pousser/heurter*, unique verbe irrégulier en **o → du stößt, er stößt**.

2 Les verbes suivants sont-ils réguliers ou irréguliers ?
Testez vos connaissances et indiquez la 3e personne du singulier du présent de l'indicatif.

a. fallen - er ....

b. werfen - er ....

c. gefallen - er ....

d. sprechen - er ....

e. fragen - er ....

f. empfehlen - er ....

g. sehen - er ....

h. reden - er ....

i. nehmen* - er ....

j. vergessen - er ....

* Attention, **nehmen** présente une autre particularité au niveau du changement de radical.

Particularités phonétiques au présent de l'indicatif

• Les verbes réguliers avec radical de l'infinitif terminé en **-d, -t** ou bien plusieurs consonnes comme **-chn, -tm...** prennent un **e** intercalaire aux 2e et 3e personnes du singulier et à la 2e personne du pluriel : **arbeiten → du arbeitest, er arbeitet... ihr arbeitet**.

• Les verbes irréguliers avec radical de l'infinitif terminé en **-d** et **-t** prennent juste un **e** intercalaire à la 2e personne du pluriel : **einladen → ihr ladet ein** ; **halten → ihr haltet**. Et les verbes irréguliers en **-t** ne prennent pas de deuxième **-t** à la 3e personne du singulier : **halten → er hält**.

• Les verbes avec radical de l'infinitif terminé en **-s, -ss, -ß, -t, -tz** ou **-z** prennent juste un **t** à la 2e personne du singulier : **blasen → du bläst**.

• Les verbes avec terminaison infinitive **-eln** ou **-ern** prennent juste un **-n** aux 1re et 3e personnes du pluriel : **sammeln → wir sammeln, sie/Sie sammeln**. Notez que, pour les verbes en **-eln**, le **e** du radical est généralement élidé à la 1re personne du singulier → **ich samm(e)le**.

3 Conjuguez les verbes suivants au présent de l'indicatif.

	ich	du	er/sie/es	wir	ihr	sie/Sie
baden	....	....	....	....	....	....
reisen	....	....	....	....	....	....
bitten	....	....	....	....	....	....
raten	....	....	....	....	....	....
wechseln	....	....	....	....	....	....
verbessern	....	....	....	....	....	....
lesen	....	....	....	....	....	....

Présent de l'indicatif de *haben, sein* et *werden*

Haben (*avoir*), **sein** (*être*) et **werden** (*devenir, être* au futur) ont une conjugaison irrégulière. Souvenez-vous qu'ils servent à la fois de verbes et d'auxiliaires !

RÉVISION

4 Conjuguez les auxiliaires/verbes suivants au présent de l'indicatif.

	ich	du	er/sie/es	wir	ihr	sie/Sie
haben	....	....	....	....	....	....
sein	....	....	....	....	....	....
werden	....	....	....	....	....	....

Emploi et conjugaison du futur I

Le futur I équivaut au futur simple français. Il sert à exprimer une action future et se forme avec l'auxiliaire **werden** au présent de l'indicatif + infinitif du verbe en fin de proposition : **Er wird dich anrufen.** → *Il t'appellera.*

Mais pour exprimer le futur en allemand, on utilise aussi fréquemment le présent de l'indicatif, surtout si la phrase comporte déjà un complément de temps indiquant le futur : **Er ruft dich morgen an.** → *Il t'appellera demain.*

Le futur I sert également à exprimer une supposition/une certitude pour le présent ou le futur. Celle-ci est généralement renforcée par **wohl, vermutlich** (*probablement*), **bestimmt, sicherlich, mit Sicherheit** (*certainement*).

Es ist schon 9 Uhr. Er wird sicher nicht kommen. → *Il est déjà 9 heures. Il ne viendra certainement pas.*

5 Formulez des phrases au futur I.

a. Er/kommen/etwas später

....

b. Wir/bleiben/wahrscheinlich/ein Jahr länger/in Berlin

....

c. Sie (3e personne du pluriel)/sagen/bestimmt/ja

....

d. Es/gefallen/dir/mit Sicherheit

....

Emploi et conjugaison de l'impératif

Comme en français, il sert à exprimer un ordre. Dans sa conjugaison, il reste très proche du présent de l'indicatif.

• 2e personne du singulier des verbes réguliers et des verbes avec changement de voyelle **e/i** ou **e/ie** : on supprime **du** et la terminaison **-st**.

Sing! (~~du~~ sing**st**)! / **Zeichne einen Hund!** (~~du~~ zeichne**st**) / **Gib her!** (~~du~~ gib**st**)

Par ailleurs, les verbes réguliers peuvent prendre un **-e** à la 2e personne du singulier (**Sing**e**!**), et notamment les verbes terminés en **-eln** ou **-ern** = **Verbesser**e (du verbesser**st**).

• 2e personne du singulier des verbes avec changement de voyelle **a/ä** **a**u présent de l'indicatif : on prend l'infinitif du verbe sans **-en**.

Lauf! (lauf~~en~~) Là aussi, il existe la version avec un **-e** : **Lauf**e**!**

• 1re personne du pluriel : on inverse le sujet et le verbe.
Toutefois, son emploi est moins fréquent qu'aux autres personnes.

Singen **wir!** (wir sing**en**) / **Lad**en **wir ihn ein!** (wir lad**en** ihn ein)

• 2e personne du pluriel : on supprime **ihr**.

Singt**!** (~~ihr~~ sing**t**) / **Lad**et **ihn ein!** (~~ihr~~ lad**et** ihn ein)

• Vouvoiement : on inverse le sujet et le verbe.

Singen **Sie!** (Sie sing**en**) / **Lad**en **Sie ihn ein!** (Sie lad**en** ihn ein)

Exception : **sein,** *être* ➜ **Sei! Seien wir! Seid! Seien Sie!**

6 Conjuguez les verbes suivants à toutes les personnes de l'impératif.

a. fahren

....

b. lesen

....

c. nehmen

....

d. baden

....

7 Traduisez les phrases suivantes.

a. *Parle plus fort !*

➜ ....

b. *Brossez-vous les dents !* (vouvoiement)

➜ ....

c. *S'il te plaît, sois à l'heure !*

➜ ....

d. *Soyons sincères !*

➜ ....

... **Raus!**
... *Dehors !*

 8 Il existe aussi de nombreuses exclamations exprimant l'ordre. En voici quelques-unes. Traduisez-les !

a. Schnauze! ➜ .... ! (langage parlé)

b. Hände hoch! ➜ .... !

c. Finger weg! ➜ .... !

d. Auf die Plätze, fertig, los! ➜ .... !

e. Bitte Schuhe ausziehen! ➜ .... !

f. Rauchen verboten! ➜ .... !

Bravo, vous êtes venu(e) à bout du chapitre 8 ! Il est maintenant temps de comptabiliser les icônes et de reporter le résultat en page 128 pour l'évaluation finale.

Parfait, prétérit et plus-que-parfait

Emploi et conjugaison du parfait

Il équivaut au passé composé français et sert à exprimer un fait accompli ayant un rapport avec le présent. Il se construit en grande partie avec l'auxiliaire **haben** et quelquefois **sein** au présent de l'indicatif + le participe passé du verbe en fin de proposition.

Ich habe ihn gestern getroffen. → *Je l'ai rencontré hier.*

Ich bin zu Fuß gegangen. → *Je suis allé à pied.*

Le participe passé se forme comme suit :

• Verbes faibles (= verbes avec une conjugaison régulière) : **ge-** + radical de l'infinitif + **-t**.

machen → **ge**mac**ht**

• Verbes terminés en **-ieren** : radical de l'infinitif + **-t**.

reparieren → **repar**ier**t**

• Verbes forts (= verbes avec une conjugaison irrégulière) : **ge-** + radical du verbe + **-en**.

Le radical du verbe peut être identique au radical de l'infinitif ou différent **rat**en → **ge**rat**en** ; **bitt**en → **ge**bet**en**.

I Indiquez le participe passé des verbes suivants.

a. sagen - ....

b. gehen - ....

c. suchen - ....

d. bleiben - ....

e. finden - ....

f. kommen - ....

g. nehmen - ....

h. trinken - ....

i. essen* - ....

j. springen - ....

k. tanzen - ....

l. singen - ....

* Attention à la particularité phonétique du participe passé de **essen** qui se forme sur **geg-**.

Spécificité des verbes à particules

• Verbes à particules inséparables (faibles et forts) : le participe passé ne prend pas de **ge-**.

besuchen = **be**sucht

• Verbes à particules séparables (faibles et forts) : le **ge-** se place entre la particule et le radical du verbe.

anfangen = **an**ge**fangen**

Pour la règle détaillée des verbes à particules, voir le chapitre 13.

2 Vous souvenez-vous des verbes à particules suivants ? Testez vos connaissances et formez les participes passés.

a. aufhören ....

b. gewinnen ....

c. verlieren ....

d. zumachen ....

e. erklären ....

f. einladen ....

L'emploi des auxiliaires au parfait

• Verbes transitifs (= avec COD) + **haben. Sie hat das Buch gekauft.** → *Elle a acheté le livre.*

• Verbes pronominaux + **haben. Ich habe mich gewaschen.** → *Je me suis lavé.*

• Verbes intransitifs (= sans COD) exprimant une position/un état/une action + **haben. Er hat draußen gestanden.** → *Il était dehors.* **Er hat ihm geschrieben.** → *Il lui a écrit.*

• Verbes intransitifs exprimant un changement d'état/de lieu ou un mouvement + **sein. Er ist gewachsen.** → *Il a grandi.* **Sie sind nach Rom geflogen.** → *Ils sont allés à Rome.*

• Quelques verbes se construisent avec **haben** et **sein** selon leur emploi, comme **fahren. Er ist gefahren.** → *Il a roulé.* (verbe intransitif de mouvement) **Er hat das Auto in die Garage gefahren.** *Il a mis la voiture dans le garage.* (verbe transitif)

Attention !

• **anfangen/beginnen**, *commencer* ; **aufhören/enden**, *terminer* ; **abnehmen**, *maigrir* ; **zunehmen**, *grossir* : tous se conjuguent avec **haben** bien qu'il s'agisse de verbes marquant un changement d'état.

• **bleiben**, *rester,* et **sein**, *être,* se conjuguent avec **sein** bien qu'il s'agisse de verbes marquant un état.

3 Mettez les verbes entre parenthèses au parfait.

a. Der Arzt .... mir ...., dass ich mehr Sport treiben muss. **(sagen)**

b. Heute .... ich 30 Minuten im Park .... **(laufen)**

c. Heute Mittag .... ich nur einen Salat .... **(essen)**

d. Die Bombe .... vor seinem Geschäft .... **(explodieren)**

e. Wir .... fast eine Stunde miteinander .... **(telefonieren)**

f. Wann .... du ihn zum letzten Mal .... ? **(treffen)**

g. Ich ...., euch wieder zu sehen. **(sich freuen)**

h. Wir .... nicht lange .... **(bleiben)**

Emploi et conjugaison du prétérit

Il sert à rapporter un événement passé et définitivement terminé. Il est surtout employé à l'écrit. À l'oral, il est de plus en plus remplacé par le parfait. Il se forme comme suit :

• Verbes faibles : radical de l'infinitif + terminaisons du prétérit.

sagen → du sagtest

• Verbes forts : radical du verbe au prétérit + terminaisons du prétérit. Notez que tous les verbes forts présentent un changement de radical au prétérit.

treffen → du trafst

Vous souvenez-vous des terminaisons du prétérit ? (Elles ne sont pas les mêmes pour les verbes forts et faibles, voir exercices 4 et 5.)

• Les verbes **haben, sein** et **werden** ont quant à eux une conjugaison tout à fait particulière. Vous en souvenez-vous ? (voir exercice 6)

RÉVISION

4 Complétez les verbes faibles suivants avec les terminaisons du prétérit.

a. ich sag ....

b. er wohn ....

c. wir leb ....

d. ihr kauf ....

e. sie/Sie glaub ....

RÉVISION

5 Testez vos connaissances et conjuguez les verbes forts suivants au prétérit des personnes indiquées.

a. nehmen - ich ....

b. fahren - du ....

c. geben - er ....

d. laufen - wir ....

e. kommen - ihr ....

f. lesen - sie/Sie ....

RÉVISION

6 Conjuguez *haben*, *sein* et *werden* au prétérit. Leur emploi au prétérit reste très fréquent.

	ich	du	er/sie/es	wir	ihr	sie/Sie
haben	....	....	....	....	....	....
sein	....	....	....	....	....	....
werden	....	....	....	....	....	....

7 Voici le début de *Rotkäppchen (Le Petit Chaperon rouge)*. Mettez les verbes entre parenthèses au prétérit.

Es .... **(sein)** einmal ein kleines süßes Mädchen, das .... **(haben)** jedermann lieb, der sie nur .... **(ansehen*)** , am allerliebsten aber ihre Großmutter, die wusste gar nicht, was sie alles dem Kinde geben sollte. Einmal .... **(schenken)** sie ihm ein Käppchen von rotem Samt, und weil ihm das so wohl .... **(stehen)**, und es nichts anders mehr tragen wollte, ... **(heißen)** es nur das Rotkäppchen.

* La particule **an** reste attachée au verbe (voir à ce sujet le chapitre 18).

Verbes faibles irréguliers

Il s'agit de **brennen** (*brûler*), **bringen** (*apporter*), **denken** (*penser*), **kennen** (*connaître*), **nennen** (*nommer, appeler*), **rennen** (*courir*), **senden** (*envoyer* – langue soutenue) et **wenden** (*s'adresser à, se tourner vers quelqu'un*). Ils prennent les terminaisons des verbes faibles et subissent un changement de radical comme les verbes forts : **kennen = ich kannte, du kanntest... ich habe gekannt...** Leur emploi au prétérit reste assez courant.

8 Conjuguez les verbes au prétérit et indiquez entre parenthèses le participe passé.

a. brennen - ich .... (....)

b. bringen - er .... (....)

c. denken - wir .... (....)

d. rennen - ihr .... (....)

e. nennen - sie .... (....)

9 Complétez les phrases avec un verbe faible irrégulier conjugué au prétérit ou au parfait.

a. Wie .... man Ludwig XIV? – Den Sonnenkönig.

b. Ich habe nicht daran ...., dich anzurufen. Tut mir leid.

c. Das Seminar war nicht gut. Es hat mir überhaupt nichts ....

d. Du bist Erster, du bist am schnellsten ....

e. Es hat bei uns im Haus .... Die Feuerwehr musste kommen.

Emploi et conjugaison du plus-que-parfait

Il sert à exprimer l'antériorité par rapport à un autre événement passé ; l'autre verbe est généralement au prétérit. Il se forme avec l'auxiliaire **haben** ou **sein** au prétérit + participe passé en fin de proposition.

Der Regen hatte schon aufgehört, als ich ankam.
➜ *La pluie avait déjà cessé lorsque j'arrivai.*

Nachdem er gegessen hatte, fuhr er los.
➜ *Après qu'il eut mangé, il partit.*

Notez que, dans la proposition subordonnée, l'auxiliaire se place derrière le participe passé. (Au sujet de la syntaxe, voir le chapitre 16.)

10 Conjuguez les verbes au plus-que-parfait. Attention aux verbes à particule !

a. Ich wusste nicht, dass ihr .... **(heiraten)**

b. Nachdem er ihr alles ...., ging er weg. **(erzählen)**

c. Der Zug .... leider schon ...., als ich am Bahnhof ankam. **(abfahren)**

d. Ich .... schon 5 Km ...., als mir plötzlich das Bein weh tat. **(laufen)**

e. .... du zuvor schon dort ....? **(sein)**

11 **L'Allemagne hier et aujourd'hui : revoyez quelques dates et faits historiques concernant les deux Allemagnes et répondez aux questions suivantes.**

a. Wie heißt heute die Hauptstadt von Deutschland?

....

b. Wie hieß die Hauptstadt der ehemaligen (*ancienne*) BRD?

....

c. Was bedeutete DDR?

....

d. Was bedeutet BRD?

....

12 **Cochez la bonne réponse.**

a. In welchem Jahr war der Fall der Berliner Mauer?   1975 ◯   1989 ◯   1998 ◯

b. In welchem Jahr wurde die Berliner Mauer gebaut?   1945 ◯   1954 ◯   1961 ◯

c. Wann wurde die DDR gegründet?   1939 ◯   1945 ◯   1949 ◯

Bravo, vous êtes venu(e) à bout du chapitre 9 ! Il est maintenant temps de comptabiliser les icônes et de reporter le résultat en page 128 pour l'évaluation finale.

10
Les verbes de modalité et les verbes de position

Emploi et conjugaison des verbes de modalité

Les verbes de modalité :
- présentent une conjugaison particulière ;
- régissent un infinitif, qui peut toutefois être sous-entendu ;
- permettent d'exprimer diverses nuances de nécessité, désir ou capacité ;
- s'emploient, contrairement à de nombreux autres verbes, au prétérit.

RÉVISION

1 Testez vos connaissances et conjuguez les verbes au présent de l'indicatif et au prétérit.

	ich	du	er/sie/es	wir	ihr	sie/Sie
müssen	muss musste	....	....	....	....	....
sollen	soll sollte	....	....	....	....	....
können	kann konnte	....	....	....	....	....
dürfen	darf durfte	....	....	....	....	....
wollen	will wollte	....	....	....	....	....
mögen	mag mochte	....	....	....	....	....

RÉVISION

2 Conjuguez les verbes suivants au subjonctif II.

	ich	du	er/sie/es	wir	ihr	sie/Sie
können	könnte	....	....	....	....	....
sollen	sollte	....	....	....	....	....
mögen	möchte	....	....	....	....	....

Müssen et sollen

- **müssen** signifie *devoir/il faut* dans le sens d'un ordre/d'une obligation/d'une nécessité intérieure très forte et exclut toute alternative.

Ich habe kein Geld mehr, ich muss sparen.
➜ *Je n'ai plus d'argent, il faut que j'économise.*

Hör mir bitte zu! Ich muss dir etwas sagen.
➜ *Écoute-moi, s'il te plaît. Il faut que je te dise quelque chose.*

- **sollen** signifie *devoir* dans le sens d'une raison morale/d'un argument d'autorité atténuée/d'un conseil/d'un questionnement et n'exclut pas l'alternative. Pour un argument d'autorité/conseil, il s'emploie souvent au subjonctif II = conditionnel en français : **du solltest**, *tu devrais*.

Du sollst/solltest dir nach jedem Essen die Zähne putzen.
➜ *Tu dois/devrais te brosser les dents après chaque repas.*

Wie soll ich mich morgen anziehen?
➜ *Comment dois-je m'habiller demain ?*

3 Complétez les phrases avec **müssen** ou **sollen** au présent de l'indicatif et, le cas échéant, au subjonctif II.

a. Was .... ich ihr sagen?

b. Er .... mit dem Zug fahren, sein Auto ist kaputt.

c. Wir .... uns unbedingt sehen. Es ist sehr wichtig.

d. Du .... konzentrierter arbeiten.

e. Ich weiß nicht, wie ich mich mit ihm verhalten ....

Können et dürfen

- **können** signifie *pouvoir* dans le sens d'une capacité/d'une possibilité/d'un savoir. Dans une question, on emploie souvent le subjonctif II comme marque de politesse.

Könnten Sie…? ➜ *Pourriez-vous… ?*

Ich konnte nicht vor 6 Uhr kommen, ich hatte Arbeit.

➜ *Je ne pouvais pas venir avant 6 heures, j'avais du travail.*

Könnten Sie etwas früher kommen? ➜ *Pourriez-vous venir un peu plus tôt ?*

Können Sie Deutsch (sprechen)? ➜ *Parlez-vous allemand ?*

- **dürfen** signifie *pouvoir* dans le sens d'une permission donnée par un tiers, répondant aux règles de la bienséance ou à la formule de politesse *puis-je*.

Mit 16 darfst du in die Disco. ➜ *À 16 ans, tu as le droit d'aller en discothèque.*

Darf ich dich etwas fragen? ➜ *Puis-je te demander quelque chose ?*

---

4 **Complétez les phrases avec können ou dürfen au présent de l'indicatif et, le cas échéant, au subjonctif II.**

a. Er .... schon schwimmen.

b. .... du mir bei den Matheaufgaben helfen?

c. In einigen Staaten in Amerika .... man schon mit 14 Auto fahren.

d. .... man fragen, wie alt eine Frau ist?

Wollen et mögen

- **wollen** signifie *vouloir* dans le sens d'une forte détermination ou volonté intérieure.

Bitte, bitte! Ich will es versuchen. ➜ *S'il te plaît, s'il te plaît ! Je veux essayer.*

- **mögen (ich möchte…)** conjugué au subjonctif sert à exprimer un souhait de manière polie. Il se traduit généralement par *(bien) aimer* au conditionnel. Conjugué au présent ou au prétérit, **mögen** signifie *apprécier/bien aimer* et s'emploie en général pour exprimer sa sympathie ou un goût (culinaire…). Il se construit avec un nom et ne régit pas d'infinitif.

Ich möchte einen Spaziergang machen. ➜ *J'aimerais faire une promenade.*

Ich mag Ananas. ➜ *J'aime l'ananas.*

5 **Complétez les phrases avec wollen ou mögen au présent de l'indicatif, prétérit ou subjonctif II.**

a. Er .... nicht mitkommen.

Da ist nichts zu machen.

b. .... Sie etwas trinken?

c. .... du Schokolade?

d. Wir .... bestellen, bitte!

e. Warum .... du gestern nicht mitkommen?

Emploi et conjugaison des verbes de position

On distingue quatre positions, et à chacune d'elles correspondent deux verbes. L'un exprime un mouvement et régit l'accusatif, l'autre exprime le locatif et régit le datif. Notez deux points au niveau de la conjugaison :

• il s'agit à chaque fois d'un verbe faible pour le mouvement et d'un verbe fort pour le locatif ;

• **hängen** + A et **hängen** + D sont homonymes au présent de l'indicatif.

Accusatif	Datif
stellen, stellte, gestellt *poser (droit/à la verticale)*	**stehen, stand, gestanden** *être posé (droit/à la verticale)*
(sich) legen, legte, gelegt *(se) coucher, poser (à plat/à l'horizontale)*	**liegen, lag, gelegen** *être couché, posé à plat*
(sich) setzen, setzte, gesetzt *(s') asseoir*	**sitzen, saß, gesessen** *être assis*
hängen, hängte, gehängt *accrocher, suspendre*	**hängen, hing, gehangen** *être accroché, suspendu*

6 Conjuguez les verbes aux temps et personnes indiqués.

a. liegen **(prétérit) -** wir ....

b. stellen **(prétérit) -** er ....

c. sitzen **(parfait) -** du ....

d. legen **(présent) -** ihr ....

e. hängen + D **(parfait) -** es ....

f. hängen + A **(prétérit) -** er ....

7 Soulignez la bonne réponse.

a. Der Ausweis   liegt / legt / steht   auf dem Tisch.

b. Der Tisch   hängt / steht / stellt   in der Ecke.

c. Sitzen / Setzen / Stellen   Sie sich bitte.

d. Mein Sohn   legt / steht / liegt   mit 40 Grad Fieber im Bett.

e. Hast du den Mantel in den Schrank   gehängt / gehangen / gelegt?

 **8** Voici quelques tournures où les verbes de modalité ont un sens particulier. Reliez chaque phrase avec sa version française.

a. Was soll ich damit? •

b. An mir soll es nicht liegen. •

c. Du kannst mich gern haben. •

d. Wenn es sein muss! •

e. Das darf doch nicht wahr sein! •

f. Was darf es sein? •

g. Wenn ich bitten darf! •

• *1. Tu peux toujours courir.*

• *2. Vous désirez ?*

• *3. C'est pas vrai !*

• *4. Que dois-je faire de cela ?*

• *5. Si je puis me permettre.*

• *6. S'il le faut.*

• *7. Ce n'est pas moi qui y ferai obstacle.*

Bravo, vous êtes venu(e) à bout du chapitre 10 ! Il est maintenant temps de comptabiliser les icônes et de reporter le résultat en page 128 pour l'évaluation finale.

11

Subjonctif II et hypothèse avec *wenn*

Emploi et conjugaison du subjonctif II hypothétique

Le subjonctif II équivaut au conditionnel en français et comporte un présent et un passé.

Le subjonctif II hypothétique (= conditionnel présent) exprime une hypothèse conditionnelle, un souhait ou un conseil dans le présent ou le futur, et se construit de deux manières différentes :

• Forme composée : **werden** au subjonctif II hypothétique + infinitif du verbe en fin de proposition. Elle s'emploie pour la majorité des verbes.

 sagen → **ich würde sagen, du würdest sagen...** ➔ *je dirais, tu dirais...*

• Forme simple : elle s'emploie pour les **3 auxiliaires, verbes de modalités** et **wissen**, et correspond au prétérit + Umlaut sur **a, o, u** sauf pour **wollen** et **sollen** qui se conjuguent exactement comme au prétérit :

haben → **ich hatte** ➔ *j'avais* ; **ich hätte** ➔ *j'aurais* ; etc.

wollen → **ich wollte** ➔ *je voulais* ; **ich wollte** ➔ *je voudrais* ; etc.

Et elle s'emploie pour quelques verbes forts dont **gehen** et **kommen**. Ils se conjuguent à partir du radical du verbe au prétérit + les terminaisons (**-e, -est, -e, -en, -et, -en**).

gehen → **ging** (radical) ; **ich ginge** ➔ *j'irais* etc. Pour **kommen**, le **e** de la 2ᵉ personne du singulier et pluriel tend à être élidé : **du käm(e)st, ihr käm(e)t** ➔ *tu viendrais, vous viendriez.*

RÉVISION

1 **Conjuguez aux personnes demandées la phrase suivante :**
Ich würde nichts sagen.

a. du ....

b. er ....

c. wir ....

d. ihr ....

e. sie/Sie ....

RÉVISION 2 Conjuguez les verbes suivants à la forme simple.

a. wissen - ich ....

b. haben - du ....

c. wollen - er ....

d. sollen - wir ....

e. dürfen - ihr ....

f. mögen - Sie ....

g. müssen - ich ....

h. können - du ....

i. kommen - er ....

j. gehen - es ....

RÉVISION 3 Conjuguez **haben** et **sein** à la forme simple.

a. ich .... / ....

b. du .... / ....

c. er/sie/es .... / ....

d. wir .... / ....

e. ihr .... / ....

f. sie/Sie .... / ....

4 Formulez des phrases au subjonctif II hypothétique, forme simple ou composée selon l'usage. Exemple :
Sie hat ein Mofa. (gern schon ein Auto haben)
Aber sie hätte gern schon ein Auto → *Mais elle aimerait bien avoir déjà une voiture.*

a. Sie hat ein Zimmer zusammen mit ihrem Bruder. (gern ein eigenes Zimmer haben)

Aber ....

b. Sie fährt mit ihren Eltern in Urlaub. (gern mit Freunden in Urlaub fahren)

Aber ....

c. Sie ist erst 16. (gern schon 18 sein)

Aber ....

d. Sie sitzt in der Schule neben Uwe. (gern neben Ralf sitzen)

Aber ....

Emploi et conjugaison du subjonctif II irréel

Le subjonctif II irréel (= conditionnel passé) exprime une hypothèse conditionnelle, un regret ou un conseil dans le passé et se forme comme suit : **haben/sein** au subjonctif II hypothétique + participe passé en fin de proposition.

L'emploi de **haben** ou **sein** est le même que pour le parfait :

ich hätte gesagt, du hättest gesagt... → *j'aurais dit, tu aurais dit...*

ich wäre gekommen, du wärst gekommen... → *je serais venu, tu serais venu...*

5 Conjuguez les verbes suivants au subjonctif II irréel.

a. sagen - ich ....

b. bleiben - Sie ....

c. gehen - du ....

d. trinken - ihr ....

6 Formulez les phrases au subjonctif II irréel selon l'exemple.
(ich / dich / sonst / anrufen) Ich wusste es nicht. Sonst hätte ich dich angerufen.

a. er / sonst / auch / kommen

Er wusste es nicht. Sonst ....

b. wir / das / sonst / machen

Wir wussten es nicht. Sonst ....

c. sie / euch / sonst / schreiben

Sie wussten es nicht. Sonst ....

d. ich / sonst / nichts / essen

Ich wusste es nicht. Sonst ....

Exprimer l'hypothèse avec *wenn*

La conjonction de subordination **wenn** correspond à *si* et on distingue trois types d'hypo-thèses. Notez bien la concordance des temps et la syntaxe (pour la syntaxe, voir aussi le chapitre 16). Notez également que l'adverbe **dann**, *alors*, est facultatif.

• Hypothèse réalisable : proposition principale et subordonnée introduite par **wenn** sont au présent de l'indicatif.

Wenn ich Zeit habe, (dann) komme ich. ➜ *Si j'ai le temps, je viens/viendrai.*

• Hypothèse non encore réalisée : proposition principale et subordonnée introduite par **wenn** sont au subjonctif II hypothétique.

Wenn ich Zeit hätte, (dann) würde ich kommen. ➜ *Si j'avais le temps, je viendrais.*

• Hypothèse non réalisée dans le passé : proposition principale et subordonnée introduite par **wenn** sont au subjonctif II irréel.

Wenn ich Zeit gehabt hätte, (dann) wäre ich gekommen. ➜ *Si j'avais eu le temps, je serais venu.*

7 Formulez ces phrases au subjonctif II hypothétique et irréel.

a. Wenn das Wetter schön ist, fahren wir ans Meer.

[Hypothétique] ....

[Irréel] ....

b. Wenn ich eine Arbeit finde, dann kaufe ich mir ein Auto.

[Hypothétique] ....

[Irréel] ....

c. Wenn es dir besser geht, machen wir eine Reise.

[Hypothétique] ....

[Irréel] ....

Wenn… bloß/Wenn… nur

Bloß et **nur** s'emploient indifféremment, se placent derrière le sujet et signifient *si seulement*.

Wenn ich bloß/nur mehr Geld hätte! ➜ *Si seulement j'avais plus d'argent !*

Wenn ich bloß/nur mehr Geld gehabt hätte! ➜ *Si seulement j'avais eu plus d'argent !*

Si le complément accusatif est un pronom personnel, celui-ci se place devant **bloß/nur** :

Wenn ich ihn bloß/nur vergessen könnte. ➜ *Si seulement je pouvais l'oublier.*

8 Traduisez les phrases suivantes.

a. *Si seulement il appelait !*

➜ ....

b. *Si seulement j'avais eu plus de temps !*

➜ ....

c. *Si seulement je l'avais su !*

➜ ....

d. *Si seulement l'allemand n'était pas aussi difficile !*

➜ ....

Avec diplomatie !

Vous voulez donner quelques conseils de santé/beauté à quelqu'un ? N'hésitez pas à employer cette tournure au conditionnel : **An deiner Stelle würde ich…** ➔ *À ta place, je…*

9 **Reliez les phrases avec les conseils correspondants.**

a. Ich verliere meine Haare. •

b. Ich bin zu dick. •

c. Ich bin immer gestresst. •

d. Ich habe keine schöne Haut. •

e. Ich huste seit 2 Monaten. •

f. Ich bin zu dünn. •

g. Ich bin nicht attraktiv. •

• 1. An deiner Stelle würde ich mich besser anziehen.

• 2. An deiner Stelle würde ich Muskeltraining machen.

• 3. An deiner Stelle würde ich sie mir schneiden lassen.

• 4. An deiner Stelle würde ich weniger rauchen.

• 5. An deiner Stelle würde ich Yoga machen.

• 6. An deiner Stelle würde ich diese Gesichtscreme kaufen.

• 7. An deiner Stelle würde ich eine Diät machen.

Bravo, vous êtes venu(e) à bout du chapitre 11 ! Il est maintenant temps de comptabiliser les icônes et de reporter le résultat en page 128 pour l'évaluation finale.

La voix passive

Remarque générale

La voix passive met l'accent sur l'action, et non sur le sujet. En allemand, il existe deux passifs : le passif d'action et le passif d'état.

Notez que, comme en français, certains verbes ne permettent pas une construction passive : **haben, sein, werden, kennen, wissen,** ainsi que les verbes impersonnels, intransitifs et pronominaux comme **regnen, schlafen, sich freuen**.

Emploi et conjugaison du passif d'action

Il marque une action en cours, se conjugue avec l'auxiliaire **werden** et s'emploie essentiellement au présent, prétérit et parfait. Il se traduit souvent par *on* + voix active ou (*en train d'*) *être* + voix passive.

• Présent : **werden** au présent de l'indicatif + participe passé en fin de proposition.

Das Haus wird renoviert. ➜ *La maison est (en train d'être) rénovée. / On rénove la maison.*

• Prétérit : **werden** au prétérit + participe passé en fin de proposition.

Das Haus wurde renoviert. ➜ *La maison était (en train d'être) rénovée. / On rénovait la maison.*

• Parfait : **sein** au présent de l'indicatif + participe passé et **worden** en fin de proposition.

Das Haus ist im Mai renoviert worden. ➜ *La maison a été rénovée en mai. / On a rénové la maison en mai.*

Formulez ces phrases aux trois temps de la voix passive.

a. die Wände / weiß streichen

Présent : Die Wände werden weiß gestrichen.

Prétérit : ....

Parfait : ....

b. ein zweites Badezimmer / einbauen

Présent : ....

Prétérit : ....

Parfait : ....

c. der Teppich im Wohnzimmer / austauschen

Présent : ....

Prétérit : ....

Parfait : ....

Le complément d'agent

La phrase passive peut comporter un complément d'agent construit avec **von** ou **durch**.

• **von** s'emploie pour indiquer l'acteur direct (une personne/une institution…) et signifie *par*.

Er wurde von einem renomierten Chirurgen operiert. → *Il fut opéré par un chirurgien renommé.*

• **durch** s'emploie pour indiquer le moyen (un instrument/un acte…) et signifie *par (le biais de)/à travers*.

Er wurde durch eine Operation gerettet. → *Il fut sauvé par une opération.*

 **Soulignez la bonne réponse.**

a. Von dem Internet / Durch das Internet werden neue Kommunikationsformen ermöglicht.

b. Er ist von seinen Schulkameraden / durch seine Schulkameraden ausgelacht worden.

c. Ich wurde von einer neuen Therapie / durch eine neue Therapie geheilt.

d. Ich wurde von der Polizei / durch die Polizei angehalten.

Passage de l'actif au passif

Le complément d'objet direct de la phrase active devient le sujet de la voix passive et le sujet devient le complément d'agent.

Mein Vater renoviert das Haus. → *Mon père rénove la maison.*

Das Haus wird von meinem Vater renoviert. Littéralement → *La maison est rénovée par mon père.*

Si le sujet de la voix active est **man**, la voix passive n'a pas de complément d'agent.

Man renoviert das Haus. → *On rénove la maison.*

Das Haus wird renoviert. Littéralement → *La maison est rénovée.*

Si la phrase active n'a pas de complément d'objet direct, la phrase passive pallie cette absence par le pronom **es** ou, s'il y en a, un complément de temps, de lieu, etc. Ils se placent en tête de phrase. Par ailleurs, cette construction n'a pas d'équivalent en français.

Man tanzte viel. → *On dansait beaucoup.* → **Es wurde viel getanzt.**

Man tanzte früher viel. → *Autrefois, on dansait beaucoup.* → **Früher wurde viel getanzt.**

3 Mettez ces phrases au passif.

a. Picasso hat dieses Bild gemalt.

....

b. Ein italienischer Architekt renoviert das Kunstmuseum.

....

c. Mein Bäcker hat die Hochzeitstorte gebacken.

....

d. Man betete vor dem Essen.

....

Passif d'action + verbes de modalité

Il s'emploie essentiellement au présent et prétérit, et se construit avec le verbe de modalité + participe passé et **werden** en fin de proposition.

- Présent : **Das Haus muss für die Feier renoviert werden.**
→ *La maison doit être rénovée pour la fête.*
- Prétérit : **Das Haus musste vom Maler neu gestrichen werden.**
→ *La maison devait être repeinte par le peintre.*

4 Transformez ces phrases à la voix passive selon l'exemple.
Man muss das Haus renovieren. Das Haus muss renoviert werden.

a. Man muss Tag und Nacht die Bank beobachten.

....

b. Man kann den Computer nicht reparieren.

....

c. Die Zeugen konnten den Mann nicht erkennen.

....

d. Ein Techniker soll alle Computer überprüfen.

....

Emploi et conjugaison du passif d'état

Il exprime une action terminée/le résultat d'une autre action et se construit avec l'auxiliaire **sein** + participe passé en fin de proposition. Attention : il n'a pas de complément d'agent !

Voici son emploi au présent et au prétérit.

• Présent : **Das Haus ist renoviert.** ➜ *La maison est rénovée.*

• Prétérit : **Das Haus war schon renoviert, als wir eingezogen sind.** ➜ *La maison était déjà rénovée quand nous avons emménagé.*

5 Après une tempête, les habitants d'une ville constatent les dégâts. Transformez les phrases au passif d'état présent comme dans l'exemple.
Viele Straßen wurden durch umgestürzte Bäume blockiert.
➜ Viele Straßen sind durch umgestürzte Bäume blockiert.

a. Viele Dächer wurden abgedeckt.

....

b. Die Häuser wurden schwer beschädigt.

....

c. Ein Großteil der Ernte wurde vom Hagel zerstört.

....

6 En rentrant chez elle, une personne constata que sa maison était rangée. Formulez des phrases au passif d'état prétérit comme dans l'exemple.
das Wohnzimmer aufräumen ➜ Das Wohnzimmer war schon aufgeräumt.

a. die Betten / machen

....

b. die Wäsche / waschen und aufhängen

....

c. der Tisch / decken

....

À vos ordres !

Dans la langue parlée, on peut employer le passif impersonnel comme ordre. Notez cette construction : **jetzt** + passif d'action au présent.

Jetzt wird aufgeräumt ! ➜ *Maintenant, on range !*

Dans ce cas, cette construction s'emploie aussi pour les verbes intransitifs qui, normalement, ne se mettent pas au passif.

Er schläft ➜ **Er wird geschlafen.** Mais on dira : **Jetzt wird geschlafen!** ➜ *Maintenant, on dort !*

7 Formez des phrases au passif impersonnel comme dans les exemples ci-dessus.

a. arbeiten

....

b. essen

....

c. aufpassen

....

d. Deutsch lernen

....

Bravo, vous êtes venu(e) à bout du chapitre 12 ! Il est maintenant temps de comptabiliser les icônes et de reporter le résultat en page 128 pour l'évaluation finale.

13

Les verbes à particules et avec prépositions

Les verbes à particules inséparables et séparables

• Les particules inséparables sont : **be-, emp-, ent-, er-, ge-, miss-, ver-, zer-.**

Souvenez-vous du moyen mnémotechnique : *Cerbère* (**zer-be-er**) *gémit* (**ge-miss**) *en* (**emp**) *enfer* (**ent-ver**). Comme l'indique leur nom, elles ne se séparent pas du verbe et le participe passé se forme sans **ge-.**

Ich verkaufe mein Fahrrad. → *Je vends mon vélo.*

Ich habe mein Fahrrad verkauft. → *J'ai vendu mon vélo.*

• Les particules séparables sont nombreuses : **auf, aus, ein, mit…**

Dans le cas d'un temps simple, elles se séparent du noyau verbal et sont rejetées en fin de proposition ; dans le cas du participe passé, elles se placent en tête de celui-ci.

Wo steigst du aus? → *Où descends-tu ?* (sous-entendu *du train, du bus…*)

Wo bist du ausgestiegen? → *Où es-tu descendu ?*

 **Testez vos connaissances ! Complétez les phrases avec les verbes suivants au temps indiqué :**

wegwerfen	**ausgeben**	**besuchen**	**missverstehen**

aufstehen	**verstehen**	**versuchen**	**aufräumen**

a. ....! Es ist spät. (impératif, 2ᵉ pers. du singulier)

b. Wie bitte? Ich .... nichts. (présent)

c. Ich .... meine alten Schuhe .... (parfait)

d. Ich .... meine Freundin im Krankenhaus .... (parfait)

e. Er .... viel zu viel Geld .... (présent)

f. Du .... mich .... Ich komme morgen, nicht heute. (parfait)

g. .... mal dein Zimmer ....! (impératif, 2ᵉ pers. du singulier)

h. .... es doch mal! (impératif, 2ᵉ pers. du singulier)

Astuce pour connaître le sens des particules

Bon nombre de particules ont une ou plusieurs significations, à prendre au sens propre ou figuré. Voici quelques exemples :

- **aus-** : idée de *sortir, montrer, éteindre, terminer, enlever*. Équivaut souvent en français au préfixe *ex-* ou *dé-*.
- **ent-** : idée de *détacher, découvrir, éloigner*. Équivaut souvent en français au préfixe *dé-*.
- **miss-** : idée de *mal, d'échouer*.
- **zurück-** : idée de *retourner, revenir*. Équivaut souvent en français au préfixe *re-*.

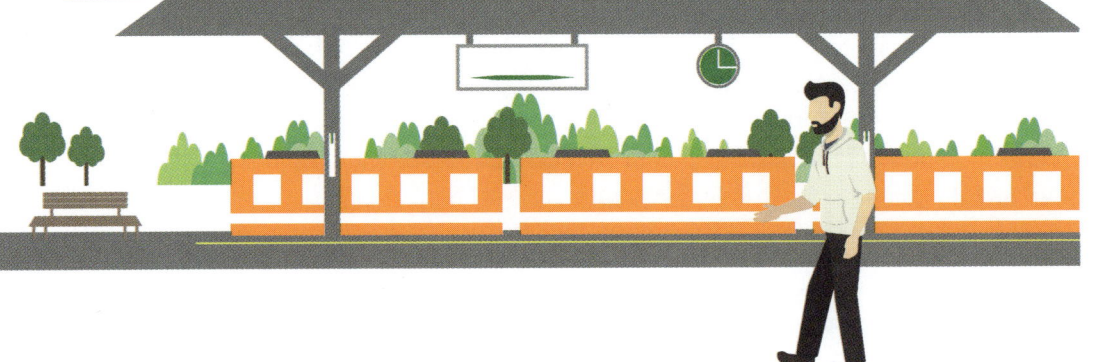

 **2** **Complétez les verbes suivants avec les particules de la leçon.**

a. einen Schatz ....decken ➜ *découvrir un trésor*

b. seine Gefühle ....drücken ➜ *exprimer ses sentiments*

c. bald ....kommen ➜ *revenir bientôt*

d. ....binden ➜ *accoucher*

e. Samstags ....gehen ➜ *sortir le samedi*

f. das Licht ....schalten ➜ *éteindre la lumière*

g. Geld ....zahlen ➜ *rembourser de l'argent*

h. seine Bilder.........................stellen ➜ *exposer ses peintures*

i. jemandem ....fallen ➜ *déplaire à quelqu'un*

Les verbes à particules mixtes

Les particules mixtes sont, selon le cas, séparables ou inséparables :

• **durch-** est séparable au sens de *couper (en deux)/faire à fond*, etc. (= majorité des verbes), mais inséparable au sens de *sillonner/fouiller/traverser* ;

• **über-** est séparable au sens de *passer d'un bord à l'autre* et inséparable dans les autres cas ;

• **um-** est séparable au sens de *transformer/changer* dans l'acception large du terme (= majorité des verbes) et inséparable au sens de *contourner/entourer* ;

• **unter-** est séparable au sens propre de la préposition *sous* (*descendre/(se) mettre sous, s'abriter*) et inséparable au sens figuré ou affaibli de la préposition ;

• **wider-** est séparable au sens de *se refléter/faire écho* et inséparable dans le sens de *s'opposer/contredire* ;

• **wieder-** est toujours séparable, sauf pour le verbe **wiederholen**, *répéter*.

Pour certains verbes toutefois, il est difficile de trancher et mieux vaut les apprendre par cœur.

 **3** **Rayez la version incorrecte.**

a. Wir **bauen** das Haus **um**. / Wir **umbauen** das Haus. ➜ *Nous réformons la maison.*

b. Die Sonne **geht unter**. / Die Sonne **untergeht**. ➜ *Le soleil se couche.*

c. Ich habe es **durchgelesen**. / Ich habe es **durchlesen**. ➜ *Je l'ai lu (en entier).*

d. Der Fluss ist **übergetreten**. / Der Fluss ist **übertreten**. ➜ *Le fleuve a débordé.*

e. Er hat das Land **durchzogen**. / Er hat das Land **durchgezogen**. ➜ *Il a sillonné le pays.*

f. **Übertreib** nicht! / **Treib** nicht **über**! ➜ *N'exagère pas !*

g. Er **untersucht** den Kranken. / Er **sucht** den Kranken **unter**. ➜ *Il ausculte le patient.*

h. **Widersprich** mir nicht! / **Sprich** mir nicht **wider**! ➜ *Ne me contredis pas !*

i. **Umfahr** die Stadt! / **Fahr** die Stadt **um**! ➜ *Contourne la ville !*

Emploi et formation des verbes avec prépositions

Ils se divisent en trois groupes :

• Les verbes + **für, gegen, über** et **um** régissent l'accusatif.

danken für = **Ich** danke **dir** für das Geschenk. ➜ *Je te remercie pour le cadeau.*

• Les verbes + **aus, bei, mit, nach, von, vor** et **zu** régissent le datif.

gratulieren zu = **Ich** gratuliere **dir** zum Geburtstag. ➜ *Je te félicite pour ton anniversaire.*

• Les verbes + **an, auf, in** et **unter** régissent, selon le verbe, l'accusatif ou le datif. Ils sont à apprendre par cœur.

sich erinnern an + A = **Kannst du dich noch** an sie erinnern**?**
➜ *Tu te souviens d'elle ?* Littéralement : *Tu peux te souvenir d'elle ?*

zweifeln an + D = **Ich** zweifle an mir. ➜ *Je doute de moi.*

 Complétez les phrases avec : auf (2), von, für, vor, zu, an (2).

a. Ich denke oft .... dich.

b. Ich muss mich .... das Klima gewöhnen.

c. Er wartet schon seit einer Stunde .... dich.

d. Ich möchte dich .... meiner Party einladen.

e. Ich bedanke mich .... das Geschenk.

f. Achten Sie .... die Verkehrsschilder.

g. Ich habe heute Nacht .... dir geträumt.

h. Wer fürchtet sich nicht .... dem Wolf?

Un même verbe peut régir différentes prépositions

Voici quelques exemples :

• **sich freuen auf** + A, *se réjouir de quelque chose à venir* / **sich freuen über** + A, *se réjouir de quelque chose de présent ou passé.*

• **leiden an** + D, *souffrir de maladie* / **leiden unter** + D, *souffrir de quelque chose d'autre.*

• **schauen auf** + A, *regarder/jeter un coup d'œil* / **schauen nach** + D, *regarder/vérifier/contrôler.*

5 Complétez avec la préposition qui convient.

a. Ich freue mich schon .... unser Wochenende in Venedig.

b. Ich freue mich .... diese gute Nachricht.

c. Er schaut ständig .... sein Handy.

d. Kannst du bitte mal .... den Kindern schauen?

e. Viele Länder leiden .... der Eurokrise.

f. Er leidet schon seit Jahren .... chronischen Hautkrankheiten.

Construction avec le pronom personnel ou *da(r)*

Pour reprendre le complément d'objet d'un verbe avec préposition, on emploiera :

• la préposition + pronom personnel, s'il s'agit d'un être animé ;

Ich denke an die Kinder. – Ich denke auch an sie.
➜ *Je pense aux enfants. – Je pense aussi à eux.*

• **da + (r)** + préposition s'il s'agit d'un être inanimé/contexte abstrait. Notez que le **r** vaut pour les prépositions commençant par une voyelle.

Ich denke an die Ferien. – Ich denke auch daran.
➜ *Je pense aux vacances. – J'y pense aussi.*

6 Complétez les phrases comme ci-dessus.

a. Ich warte auf die Antwort von meinem Chef. – Ich warte auch ....

b. Ich warte Peter. – Ich warte auch ....

c. Er hat sich über den Chef geärgert. – Ich habe mich auch .... geärgert.

d. Kannst du dich an diesen Tag erinnern? – Klar kann ich mich .... erinnern.

e. Ich freue mich auf den Sommer. – Alle freuen sich ....

f. Mein Chef verzichtet auf seinen Urlaub. – Ich würde aber nicht .... verzichten.

7 Voici plusieurs exemples de verbes construits avec une particule et une préposition à la fois. Traduisez-les !

a. Denk mal darüber nach!

➜ ....

b. Es kommt darauf an.

➜ ....

c. Reg dich nicht darüber auf!

➜ ....

d. Pass gut auf dich auf!

➜ ....

e. Du kannst dich auf mich verlassen.

➜ ....

Bravo, vous êtes venu(e) à bout du chapitre 13 ! Il est maintenant temps de comptabiliser les icônes et de reporter le résultat en page 128 pour l'évaluation finale.

14

La proposition indépendante

Remarque générale

La proposition indépendante est une proposition dont ne dépend aucune proposition (subordonnée, relative, infinitive), contrairement à la proposition principale (voir le chapitre 16). La place des mots est très flexible : il est par exemple possible de commencer la phrase par le complément d'objet direct.

Den Schokoladenkuchen habe ich gebacken. → *J'ai fait le gâteau au chocolat.* (Littéralement *Le gâteau au chocolat ai-je fait.*)

Toutefois, certains points sont à respecter.

Verbe conjugué/sujet

Sauf dans une phrase impérative ou interrogative sans pronom interrogatif, le verbe conjugué occupe toujours la 2e position ; le sujet est généralement en 1e ou 3e position. Les autres éléments gravitent autour de ce noyau et, si le groupe verbal comporte un participe passé ou un infinitif, celui-ci est en fin de proposition.

Er fährt heute nach Wien.

Heute fährt er nach Wien.

Gestern ist er nach Wien gefahren.

Er will morgen nach Wien fahren.

---

❶ **Corrigez les erreurs dans les propositions indépendantes suivantes ; les éléments en gras restent en tête de phrase.**

a. **Gegen 8 (acht)** Uhr ich war im Büro.

....

b. **Anna** hat mit ihren Freunden gespielt im Garten.

....

c. **Er** ist gekommen später.

....

d. **Sie** will nicht gehen ins Kino.

....

e. **Bald** kannst du kommen zu mir.

....

La place des compléments accusatif et datif

Elle varie selon qu'il s'agit de groupes nominaux ou de pronoms personnels.

RÉVISION

2 Testez vos connaissances ! Reconstituez selon la règle générale les phrases avec les compléments indiqués entre parenthèses.

a. Der Lehrer hat .... zurückgegeben. **(dem Schüler/die Arbeit)**

b. Der Lehrer hat .... zurückgegeben. **(dem Schüler/sie)**

c. Der Lehrer hat .... zurückgegeben. **(ihm/die Arbeit)**

d. Der Lehrer hat .... zurückgegeben. **(sie/ihm)**

3 Complétez les réponses avec les pronoms personnels selon l'exemple.
Kann **ich deine Schuhe** mal anprobieren? – Wenn du möchtest schenke **ich sie dir.**

a. Könnten Sie mir bitte Ihren Kugelschreiber leihen? – Wenn Sie möchten, schenke ich
.... *je vous l'offre.*

b. Petra, wo ist das Buch, das Paul dir geliehen hat? – Ich habe ....
schon zurückgegeben. *Je le lui ai déjà rendu.*

c. Würden Sie mir bitte einen Orangensaft bringen? – Ich habe ....
schon dort hingestellt. *Je vous l'ai déjà mis là-bas.*

La place des compléments circonstanciels

Elle peut varier selon l'importance d'une information et/ou l'intention du locuteur mais, en règle générale, l'ordre des compléments circonstanciels est le suivant (moyen mnémotechnique : tecomoli) :

temps (T) avant cause/concession/condition (C) avant mode (M) avant lieu (L)

Si l'un des compléments est en tête de phrase, l'ordre des autres compléments ne change pas. Voici à titre d'exemple une phrase constituée de 4 compléments circonstanciels, ce qui est rare.

Er will heute (T) wegen des schlechten Wetters (C) mit dem Zug (M) zur Arbeit (L) fahren.

Heute (T) will er wegen des schlechten Wetters (C) mit dem Zug (M) zur Arbeit (L) fahren.

Wegen des schlechten Wetters (C) will er heute (T) mit dem Zug (M) zur Arbeit (L) fahren.

 **4** **Complétez chaque phrase avec les compléments circonstanciels indiqués entre parenthèses.**

a. Meine Schwester wird .... fahren.

(mit dem Auto / trotz der langen Fahrt / nach Paris)

b. Ich fahre ....

(mit dem Fahrrad / zur Arbeit / bei schönem Wetter)

c. Ich fahre ....

(schnell / zum Supermarkt / nach der Arbeit)

d. Morgen fliegt mein Bruder ....

(nach New York / mit seinem Englischkurs)

e. Wegen starker Schneefälle mussten wir .... fahren.

(mit dem Zug / im letzten Moment)

Phrase avec compléments d'objet et circonstanciels

Dans une phrase composée de compléments d'objet et circonstanciels, l'ordre des compléments peut varier mais il est généralement le suivant :

• les compléments circonstanciels restent dans l'ordre indiqué auparavant ;

• les compléments d'objet se placent comme suit (là aussi, il est important de faire la distinction entre un groupe nominal et un pronom personnel) :

Der Lehrer hat dem Schüler **gestern in der Schule** die Arbeit **zurückgegeben.**

Der Lehrer hat ihm **gestern in der Schule** die Arbeit **zurückgegeben.**

Der Lehrer hat sie dem Schüler **gestern in der Schule zurückgegeben.**

Der Lehrer hat sie ihm **gestern in der Schule zurückgegeben.**

5 **Reformulez ces phrases en ajoutant les compléments indiqués en gras.**

a. Ich möchte .... schenken.

(zum Geburtstag / eine Uhr / meinem Vater)

b. Ich habe .... gegeben.

(sofort / es / meinem Lehrer)

c. Ich habe .... gesagt.

(euch / es / schon dreimal)

d. Morgen wird sie .... schicken.

(wegen der Versammlung / dir / eine Mail)

Les conjonctions de coordination

Il s'agit de **aber** (*mais*), **denn** (*car*), **oder** (*ou*), **und** (*et*) ; elles permettent de relier deux propositions indépendantes ou des éléments de phrase.

Er wohnt sehr weit weg, aber es stört ihn nicht.
→ *Il habite très loin, mais ça ne le dérange pas.*

Er ist arm, aber (er ist) glücklich.
→ *Il est pauvre, mais (il est) heureux.* On évite de répéter **er ist**.

6 Entourez la bonne conjonction.

a. Ich gehe dreimal pro Woche schwimmen, und / denn / oder am Wochenende spiele ich auch in einem Orchester.

b. Es dauert zwar länger, denn / und / aber es ist billiger.

c. Insekten können gefährlich sein, oder / denn / aber sie übertragen manchmal auch Krankheiten.

d. Wir kommen mit dem Zug und / oder / aber mit dem Auto. Das wissen wir noch nicht.

Les conjonctions doubles

• **nicht nur…, sondern auch…** → *non seulement…, mais aussi…* Notez la virgule avant **sondern**.
Sie ist nicht nur intelligent, sondern auch hübsch. → *Elle est non seulement intelligente, mais aussi jolie.*

• **sowohl… als auch/wie auch…** → *tout autant… que…*
Sowohl mein Bruder als auch/wie auch meine Eltern kommen. → *Mon frère tout autant que mes parents viennent.*

• **weder… noch…** → *ni… ni…*
Ich kann weder am Dienstag noch am Mittwoch kommen. → *Je ne peux venir ni mardi ni mercredi.*

• **entweder… oder…** → *soit…, soit…*
Die Versammlung wird entweder in Paris oder in London stattfinden. → *La réunion aura lieu soit à Paris, soit à Londres.*

7 Traduisez les phrases suivantes.

a. *Ni son père ni sa mère ne l'ont appelé.*

→ ....

b. *J'ai aussi bien du vin rouge que du vin blanc.*

→ ....

c. *Je travaille non seulement à Noël, mais aussi le 1er janvier.*

→ ....

d. *Elle habitera soit chez son ami, soit chez ses parents.*

→ ....

8 Autour de **oder** : retrouvez l'équivalent français.

a. früher oder später •   • *1. mort ou vif*

b. tot oder lebendig •   • *2. maintenant ou jamais*

c. Kopf oder Zahl •   • *3. plus ou moins*

d. jetzt oder nie •   • *4. bon gré, mal gré*

e. mehr oder weniger •   • *5. tôt ou tard*

f. wohl oder übel •   • *6. vrai ou faux*

g. richtig oder falsch •   • *7. pile ou face*

Bravo, vous êtes venu(e) à bout du chapitre 14 ! Il est maintenant temps de comptabiliser les icônes et de reporter le résultat en page 128 pour l'évaluation finale.

15

La phrase interrogative et négative

Formation et emploi de la phrase interrogative

Elle peut se construire avec ou sans pronom interrogatif. Sans pronom interrogatif, le verbe conjugué est en 1re position, suivi généralement du sujet ; avec un pronom interrogatif, le groupe verbe conjugué-sujet se place derrière le pronom interrogatif, qui est en 1re position. Les autres éléments (participe passé, infinitif, particule séparable, compléments…) suivent la règle de la syntaxe abordée dans le chapitre 14.

Hast du morgen früh Zeit? ➜ *Tu as le temps demain matin ?*

Wann möchtest du losfahren? ➜ *Quand voudrais-tu partir ?*

 Formez des questions.

a. Sie / morgen / sagen / könnten / ihm / es ?

....

b. hast / deiner Schwester / hingelegt / du / die Jacke / wo ?

....

c. stehst / morgens / um wie viel Uhr / auf / du ?

....

Comment traduire *qui* et *que/quoi* ?

• *qui* se traduit différemment selon le cas : **wer** s'emploie au nominatif, **wen** à l'accusatif, **wem** au datif et **wessen** au génitif. Comme en français, les pronoms interrogatifs peuvent se construire avec une préposition.

Wer kommt denn da? ➜ *Qui vient là ?* (nominatif = **wer**)

An wen denkst du? ➜ *À qui penses-tu ?* (**denken an** + accusatif = **an wen**)

Notez la construction pour le génitif : **wessen** + nom + verbe conjugué. **Wessen Hut ist das?** ➜ *De qui est le chapeau ?* (Littéralement : *De qui chapeau est cela ?*)

• *que/quoi* se traduisent par **was** ou, pour les constructions prépositionnelles, par **wo(r)** + préposition. Le **r** se met devant une préposition commençant par une voyelle.

Was machst du? ➜ *Que fais-tu ?* (**etwas machen**, *faire quelque chose*)

Woran denkst du? ➜ *À quoi penses-tu ?* (**an etwas denken**, *penser à quelque chose*)

2 Complétez les phrases avec **wer, wen, wem, wessen, was, wo(r)** et, si nécessaire, une préposition.

a. .... ist das? – Eine Überraschung.

b. .... Buch ist das? – Meins.

c. .... triffst du denn? – Paula.

d. .... hängt es ab? – Von meiner Arbeit.

e. .... wirst du das Buch schenken? – Anna.

f. .... ist da? – Ich.

g. .... ist das? – Für dich.

h. .... schreibst du? – Über Fremdsprachen.

3 Complétez les questions avec les traductions de *de où, d'où, quand, comment, pourquoi, combien de* :

wann   **wie viel**   **warum**
(synonymes :
wieso/weshalb)   **wo**   **wohin**   **woher**

wie   **wie viele**

a. .... seid ihr denn? – Hier.

b. .... kommt er? – Aus Köln.

c. .... kommt er nicht? – Keine Ahnung!

d. .... Personen kommen? – Fast 30.

e. .... seid ihr angekommen? – Vorgestern.

f. .... geht's? – Gut, danke!

g. .... geht er? – Zu seiner Tante.

h. .... Geld hast du? – Fast nichts!

4 **Reliez chaque question avec sa traduction.**

a. Woher soll ich das wissen? •   • 1. Où peut-il bien être ?

b. Wohin soll das führen? •   • 2. D'où viennent ces taches ?

c. Wo waren wir stehen geblieben? •   • 3. D'où est-ce que je devrais le savoir ?

d. Woher kommen diese Flecken? •   • 4. Où voulez-vous aller ?

e. Wo kann er denn bloß sein? •   • 5. Où ça va nous mener ?

f. Wohin wollen Sie denn? •   • 6. Où en étions-nous ?

Pronoms interrogatifs relatifs à la mesure

En allemand, l'âge, la taille, la profondeur… sont généralement indiqués par **sein** + unité et adjectif de mesure, et la question se construit avec **wie** + adjectif de mesure + **sein**.
Wie alt bist du? – Ich bin 20 Jahre alt. ➜ *Quel âge as-tu ? – J'ai 20 ans.* (Littéralement : *Combien vieux/vieille es-tu ? – Je suis 20 ans vieux/vieille.*)

5 **Complétez les questions avec l'adjectif de mesure qui convient :**

> **groß**   **weit**   **lang(e) (x 2)**
>
> **hoch**   **breit**   **warm**   **schnell**

a. Wie .... ist der Eiffelturm? ➜ *Quelle est la hauteur de la tour Eiffel ?*

b. Wie .... dauert die Fahrt? ➜ *Combien de temps dure le trajet ?*

c. Wie .... bist du gefahren? ➜ *À quelle vitesse roulais-tu ?*

d. Wie .... ist der Tisch? ➜ *Quelle longueur fait la table ?*

e. Wie .... bist du? ➜ *Combien mesures-tu ?*

f. Wie .... ist das vom Zentrum? ➜ *C'est à quelle distance du centre ?*

g. Wie .... ist das Bett? ➜ *Quelle est la largeur du lit ?*

h. Wie .... ist es auf dem Mond? ➜ *Quelle température (chaleur) fait-il sur la Lune ?*

6 Pour les trois questions suivantes, il existe également une variante avec **Wie viel...?** Vous en souvenez-vous ?

a. Wie schwer bist du? ➜ *Combien pèses-tu ?*

....

b. Wie spät ist es? ➜ *Quelle heure est-il ?*

....

c. Wie teuer ist es? ➜ *Combien ça coûte ?*

....

Formation et emploi de la négation globale

La négation globale porte sur toute la phrase. Elle peut se former avec la négation **kein**, *pas (de)*, ou la négation **nicht**, *pas*. Celles-ci s'emploient et se placent comme suit :

• **kein** s'utilise pour nier un groupe nominal construit avec l'article indéfini ou un groupe nominal sans article, et suit la déclinaison des déterminants possessifs (voir le chapitre 4).

Ich habe einen kleinen Bruder. / Ich habe keinen kleinen Bruder. ➜ *J'ai un petit frère. / Je n'ai pas de petit frère.*

Ich habe Hunger. / Ich habe keinen Hunger. ➜ *J'ai faim. / Je n'ai pas faim.*

À noter : **der Bruder** et **der Hunger** sont des noms masculins singuliers et à l'accusatif dans ces exemples = **keinen**.

• **nicht** s'emploie pour les autres cas et se place comme suit :

• Après le verbe conjugué : **Er schläft nicht. / Er hat nicht geschlafen.** ➜ *Il dort. / Il n'a pas dormi.*

• Après un complément d'objet sans préposition : **Ich kenne die Stadt nicht.** ➜ *Je ne connais pas la ville.*

• Avant les adverbes : **Sie trinkt nicht viel.** ➜ *Elle ne boit pas beaucoup.* Mais après les adverbes de temps – **gestern, heute, morgen** : **Er kommt morgen nicht.** ➜ *Il ne viendra pas demain.*

• Avant un complément avec préposition : **Ich bleibe nicht bei ihm.** ➜ *Je ne reste pas chez lui.*

• Avant les adjectifs attributs : **Sie ist nicht groß.** ➜ *Elle n'est pas grande.*

• Avant les attributs du sujet : **Sie ist nicht meine Lehrerin.** ➜ *Elle n'est pas ma professeure.*

• Avant un substantif faisant partie du groupe verbal (exemple : **die Wahrheit sagen** ➜ *dire la vérité*) : **Er sagt nicht die Wahrheit.** ➜ *Il ne dit pas la vérité.*

7 Mettez ces phrases à la forme négative.

a. Ich kenne seinen Bruder.

....

b. Wir haben Zeit.

....

c. Ich kenne ihn gut.

....

d. Er braucht dickere Strümpfe.

....

e. Er fliegt nach Paris.

....

f. Es war ein schöner Abend.

....

g. Es gibt eine Lösung.

....

h. Sie macht das Gegenteil.

....

8 Rayez le nicht incorrect.

a. Warum ist er **nicht** gestern **nicht** gekommen?

b. Warum ist er **nicht** um 8 Uhr **nicht** gekommen?

c. Warum hast du **nicht** mit Anna **nicht** gesprochen?

d. Warum hast du **nicht** sie **nicht** getroffen?

e. Warum isst du **nicht** viel **nicht**?

f. Warum kommt er **nicht** morgen **nicht**?

Formation et emploi de la négation partielle

La négation partielle ne porte que sur un élément de la phrase et se place toujours devant l'élément à nier. La phrase négative est généralement suivie de **sondern**, *mais*.

Ich komme nicht morgen, sondern übermorgen. → *Je ne viendrai pas demain, mais après-demain.*

Nicht ich komme, sondern mein Bruder. → *Ce n'est pas moi qui viens, mais mon frère.* (Littéralement : *Pas je viens, mais mon frère.*)

Dans ce cas (de la négation partielle), **kein** peut être substitué par **nicht** :

Ich habe keine Jacke gekauft, sondern eine Hose. → *Je n'ai pas acheté de veste, mais un pantalon.* **Ich habe nicht eine Jacke gekauft, sondern eine Hose.**

Et notez aussi l'emploi obligatoire de **nicht** si **ein** indique la quantité par rapport à une autre quantité (*pas un…, mais deux/trois…*) :

Ich habe nicht eine Hose gekauft, sondern zwei/drei… Hosen. → *Je n'ai pas acheté un pantalon, mais deux/trois… pantalons.*

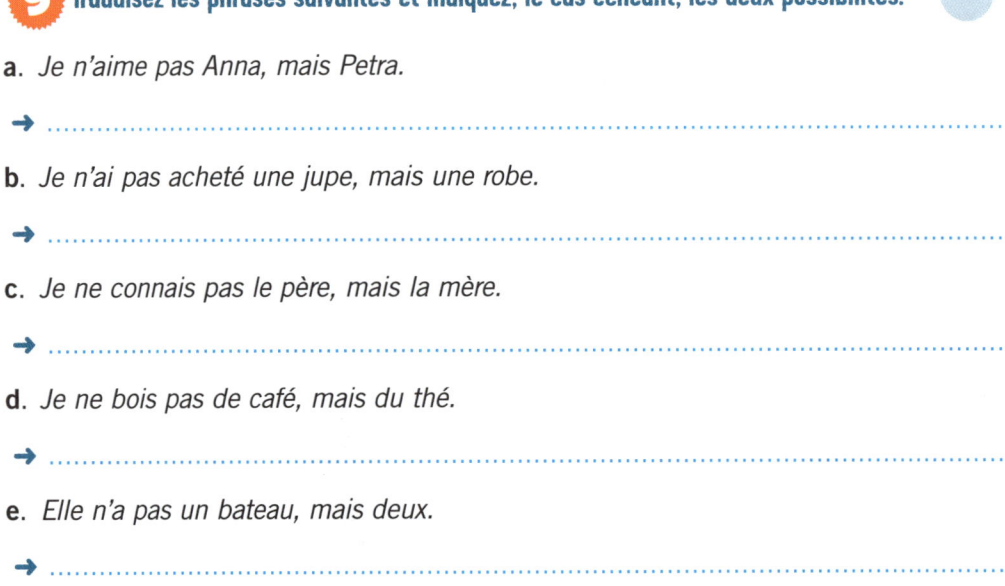

9 **Traduisez les phrases suivantes et indiquez, le cas échéant, les deux possibilités.**

a. *Je n'aime pas Anna, mais Petra.*

→ ....

b. *Je n'ai pas acheté une jupe, mais une robe.*

→ ....

c. *Je ne connais pas le père, mais la mère.*

→ ....

d. *Je ne bois pas de café, mais du thé.*

→ ....

e. *Elle n'a pas un bateau, mais deux.*

→ ....

f. *Ce n'est pas lui qui décide, mais elle.*

→ ....

10 Reliez ces exclamations, construites avec **kein**, à leur traduction.

a. Keine Ahnung! •　　　　• *1. Pas de problème !*

b.Kein Problem! •　　　　• *2. En aucun cas !*

c. Kein Vergleich! •　　　　• *3. Aucune idée !*

d. Keine Sorge! •　　　　• *4. Une fois n'est pas coutume !*

e. Keine Ursache! •　　　　• *5. Rien à voir !*

f. Keine Panik! •　　　　• *6. Pas de souci !*

g. Auf keinen Fall! •　　　　• *7. Il n'y a pas de quoi !*

h. Einmal ist keinmal! •　　　　• *8. Pas de panique !*

Bravo, vous êtes venu(e) à bout du chapitre 15 ! Il est maintenant temps de comptabiliser les icônes et de reporter le résultat en page 128 pour l'évaluation finale.

16

Proposition principale et proposition subordonnée conjonctive ou relative

Formation et syntaxe de la proposition principale + proposition subordonnée conjonctive

• La proposition principale peut se placer devant ou derrière la proposition subordonnée conjonctive. Placée devant, sa syntaxe est la même que pour la proposition indépendante.

Er fährt heute nach Wien, weil sein Bruder heiratet. ➜ *Il va aujourd'hui à Vienne car son frère se marie.*

Gestern ist er nach Wien gefahren, weil sein Bruder heiratet. ➜ *Hier, il est allé à Vienne car son frère se marie.*

Quand elle est placée derrière la proposition subordonnée, le verbe conjugué passe en 1re position et le sujet est généralement en 2e position. Le reste des éléments suit la règle de la syntaxe mentionnée jusqu'ici.

Da sein Bruder heiratet, fährt er heute nach Wien.

Da sein Bruder heiratet, ist er gestern nach Wien gefahren.

• La proposition subordonnée conjonctive est introduite par une conjonction de subordination et :

– le sujet se place (sauf exceptions) directement derrière la conjonction ;

– le verbe conjugué passe en fin de proposition ; dans le cas d'un verbe à particule séparable, le verbe conjugué vient se rattacher à la particule ;

– les autres éléments ont la même place que dans une proposition indépendante.

Er bleibt hier. ➜ **Er sagt, dass er hier bleibt.** ➜ *Il dit qu'il reste ici.*

Er fährt gleich los. ➜ **Er sagt, dass er gleich losfährt.** ➜ *Il dit qu'il part tout de suite.*

Gestern hat man ihm die Arbeit zurückgegeben. ➜ **Er sagt, dass man ihm gestern die Arbeit zurückgegeben hat.** ➜ *Il dit qu'on lui a rendu l'examen hier.*

I Transformez les phrases suivantes en propositions subordonnées conjonctives introduites par : **Er sagt, dass...**

a. Die Reise hat ungefähr 14 Stunden gedauert.

Er sagt, dass ....

b. Er kommt am Montag mit seinem Vater zurück.

Er sagt, dass ....

c. Wegen starker Schneefälle musste er die Reise absagen.

Er sagt, dass ....

Testez vos connaissances au sujet des conjonctions de subordination.
Complétez les phrases avec :

obwohl   während   anstatt dass   weil

seitdem   damit   sobald   bevor   ob   nachdem

a. *avant que* ➜ Ich bereite alles vor, ... sie kommen.

b. *depuis que* ➜ .... er umgezogen ist, habe ich ihn nicht mehr gesehen.

c. *bien que* ➜ Er hat sich ein Auto gekauft, ... er kein Geld hat.

d. *au lieu* ➜ .... sie sich alle treffen, arbeitet jeder für sich.

e. *afin que* ➜ Ich spreche langsam, ... du mich besser verstehen kannst.

f. *pendant que* ➜ Ich kann keine Musik hören, ... ich arbeite.

g. *dès que* ➜ Ich gehe, ... ich die Kinder ins Bett gebracht habe.

h. *si (ou non)* ➜ Weißt du, ... er angekommen ist?

i. *après que* ➜ .... ich eine Arbeit gefunden habe, ziehe ich um.

j. *parce que* ➜ Das Auto ist in der Werkstatt, ... ich einen Unfall hatte.

Ne confondez pas *als* et *wenn* !

Ces 2 conjonctions de subordination signifient *quand* mais :

• **als** + verbe au prétérit = moment ponctuel passé.

Als ich gestern zur Arbeit fuhr, ... ➜ *Quand je suis allé hier au bureau, ...*

• **wenn** + verbe au prétérit = répétition dans le passé (peut être précédé de **jedes Mal**).

(Jedes Mal) Wenn sie kam, ... ➜ *Quand/Chaque fois qu'elle venait, ...*

• **wenn** + présent ou parfait = moment répété au présent (là aussi, on peut ajouter **jedes Mal**).

(Jedes Mal) Wenn ich dich sehe, ... ➜ *Quand/Chaque fois que je te vois, ...*

(Jedes Mal) Wenn ich Sport getrieben habe, ... ➜ *Quand/Chaque fois que j'ai fait du sport, ...*

• **wenn** + présent = moment ponctuel ou répété dans le futur.

Wenn ich morgen komme, ... ➜ *Quand je viendrai demain, ...*

Wenn ich die nächsten Male komme, ... ➜ *Quand je viendrai les prochaines fois, ...*

3 Complétez les phrases avec **als** ou **wenn**.

a. .... Johann geboren wurde, wog er knapp 2 Kilo.

b. .... ich 18 wurde, bekam ich ein Auto.

c. .... ich abends viel gegessen habe, habe ich morgens immer Hunger.

d. .... ich sie treffe, haben wir uns immer viel zu erzählen.

e. Ruf mich an, ... du wieder nach Berlin kommst.

f. Als Kind ging ich immer zu Fuß zur Schule. Aber .... es regnete, brachte mich meine Mutter mit dem Auto.

g. .... ich 18 werde, möchte ich eine große Feier machen.

Formation et syntaxe de la proposition principale + proposition subordonnée relative

• La proposition principale se place généralement en tête – excepté avec les pronoms relatifs **wer, wen, wem** – et suit la syntaxe de la proposition indépendante.

• La proposition subordonnée relative est introduite par un pronom relatif et :

– se place directement derrière l'antécédent ;

– est séparée de la proposition principale par des virgules ;

– suit la syntaxe de la proposition subordonnée conjonctive.

Der Mann, der eben da war, hat seinen Pass vergessen. ➜ *Le monsieur qui était là à l'instant a oublié son passeport.*

• Les pronoms relatifs, quant à eux :

– se déclinent comme les articles définis **der, die, das, die** – excepté au datif pluriel et au génitif où ils présentent des formes légèrement différentes ;

– s'accordent en genre et en nombre avec leur antécédent et se mettent au cas correspondant à leur fonction dans la proposition subordonnée relative.

Dans l'exemple ci-dessus : **der Mann** = masculin singulier, et nominatif dans la relative ➜ **der**.

Der Mann, den ich eben angerufen habe, hat seinen Pass vergessen. ➜ *Le monsieur que je viens d'appeler a oublié son passeport.* → **der Mann** = masculin singulier, et accusatif dans la relative → **den**.

Attention au génitif !

Le pronom relatif se place devant le nom auquel il se rapporte et ce nom ne prend pas d'article.

Der Mann, dessen Pass du wieder gefunden hast, hat eben angerufen.
➜ *Le monsieur dont tu as retrouvé le passeport vient d'appeler.*

der Mann = masculin singulier, et génitif dans la relative = **dessen**. Littéralement : *Le monsieur dont passeport tu as retrouvé…*

RÉVISION

4 **Vous souvenez-vous des autres pronoms relatifs ? Complétez le tableau.**

	Masculin	Féminin	Neutre	Pluriel
Nominatif	der	....	....	....
Accusatif	den	....	....	....
Datif	....	....	....	....
Génitif	dessen	....	....	....

5 **Complétez avec le pronom relatif qui convient.**

a. Der Junge, ... du eben gesehen hast, ist mein Bruder.

b. Die Blumen, ... du mir geschenkt hast, sind sehr schön.

c. Die Kinder, ... Eltern arbeiten, können in der Schule essen.

d. Die Kunsthändlerin, ... ich deine Bilder gezeigt habe, möchte dich treffen.

e. Von wem ist das Musikstück, ... du gespielt hast?

Préposition + pronom relatif

Le pronom relatif peut aussi être précédé d'une préposition :

Die Person, für die ich arbeite, kennt dich.

➜ *La personne pour laquelle je travaille te connaît.*

die Person = féminin singulier et **für** + accusatif = **die**.

Achtung! Der Stuhl, auf dem du sitzt, ist kaputt.

➜ *Attention ! La chaise sur laquelle tu es assis est cassée.* **der Stuhl** = masculin singulier et **sitzen auf** + datif = **dem**.

6 **Complétez avec le pronom relatif qui convient.**

a. Das Gymnasium, auf .... ich war, ist sehr bekannt.

b. Die Familie, bei .... ich wohne, ist sehr nett.

c. Die Person, an .... ich gedacht habe, kann leider nicht.

d. Die Schüler, mit .... ich dieses Projekt gemacht habe, waren sehr motiviert.

e. Die Fete, auf .... ich gegangen bin, hat bis 6 Uhr gedauert.

f. Er hat sich das Buch gekauft, über .... alle reden.

Langue parlée et emploi de *wo(r)*

Dans la langue parlée et selon les régions, si l'antécédent est quelque chose d'inanimé/ d'abstrait, on peut employer la construction **wo(r)** + préposition, le **r** étant utilisé pour une préposition commençant par une voyelle. Néanmoins cet emploi se perd.

Der Stuhl, worauf du sitzt, ... ➜ *La chaise sur laquelle tu es assis...* Toutefois, cette construction est incompatible avec certaines prépositions dont **ohne**, *sans*.

7 Reformulez si possible des relatives avec **wo(r)**.

a. Die Firma, für die ich arbeite, ist gut.

....

b. Die Frau, mit der ich dieses Projekt leite, spricht fließend Russisch.

....

c. Das ist etwas, ohne das ich nicht leben könnte.

....

d. Das ist ein Punkt, an den ich nicht gedacht habe.

....

Autres pronoms relatifs

• **wo** (*où* pour un locatif), **wohin** (*où* pour un directionnel), **woher** (*d'où*) s'emploient avec les noms géographiques et peuvent (bien que cet emploi se perde) s'employer avec un lieu générique.

Sie zieht nach Berlin, wohin auch ihre Schwester gegangen ist. ➜ *Elle déménage à Berlin (là) où sa sœur est aussi allée.*

Sie lebt in einem Viertel, wo (ou **in dem**) **sich die Leute alle kennen.** ➜ *Elle vit dans un quartier où les gens se connaissent tous.*

• **(das) was**, *ce qui/ce que,* s'emploie après **etwas, nichts, alles, vieles, das** et **das** + superlatif ou pour se rapporter au contenu de toute la phrase.

Ist das alles, was du hast? ➜ *C'est tout ce que tu as ?*

Gib mir das Beste, was du hast. ➜ *Donne-moi le meilleur que tu aies.*

Sabine ist (das), was man als Karrierefrau bezeichnet. ➜ *Sabine est ce qu'on appelle une carriériste.*

• **wer, wen, wem** (*celui qui/que/à qui*) se réfèrent à une personne indéfinie, se déclinent comme le pronom interrogatif et se placent en tête de phrase.

Wer oft Sport macht, (der) lebt gesünder. ➜ Littéralement : *Celui qui fait du sport (il) vit plus sainement.* (nominatif)

Wen Sport nicht interessiert, (der) sollte wenigstens spazieren gehen. ➜ Littéralement : *Celui que le sport n'intéresse pas, (il) devrait au moins aller se promener.* (accusatif)

8 **Complétez avec le pronom relatif qui convient et ajoutez les variantes s'il y en a.**

a. Sie möchte nach Hamburg, ... ihr Freund auch umgezogen ist.

b. Sie wohnt in einem Stadtteil, ... es die besten Bars gibt.

c. Das ist das Schlimmste, ... mir passieren konnte.

d. Ich sehe etwas, ... du nicht siehst.

e. Das ist genau das, ... ich sage.

f. .... will, der kann.

 9 **Proverbes allemands débutant par was ou wer : indiquez pour chacun d'eux la traduction française.**

a. Wer nicht hören will, muss fühlen.

b. Was Hänschen nicht lernt, lernt Hans nimmermehr.

c. Was nicht tötet, härtet ab.

d. Was du nicht willst, das man dir tut, das füg auch keinem andern zu.

e. Wer nicht wagt, der nicht gewinnt.

1. Ne fais pas à autrui ce que tu ne voudrais pas qu'on te fasse.

2. Qui jeune n'apprend, vieux ne saura.

3. Qui n'écoute pas doit en subir les conséquences.

4. Qui ne tente rien n'a rien.

5. Ce qui ne te tue pas te rend plus fort.

Bravo, vous êtes venu(e) à bout du chapitre 16 ! Il est maintenant temps de comptabiliser les icônes et de reporter le résultat en page 128 pour l'évaluation finale.

17

Les propositions infinitives et les infinitifs substantivés

Emploi et formation de la proposition infinitive avec *zu*

En français, elle correspond à une infinitive construite avec *à/de*.

• **zu** s'emploie après certains verbes et certaines tournures comme **empfehlen** (*conseiller*), **vorhaben** (*avoir l'intention*), **Lust haben** (*avoir envie*), etc., et se place juste devant l'infinitif. Dans le cas d'un verbe à particule séparable, il se place entre la particule et le verbe.

Ich habe vor, Spanisch zu lernen. → *J'ai l'intention d'apprendre l'espagnol.*

Er hat vor mitzukommen. → *Il a l'intention de venir.*

Notez que si la proposition infinitive comporte un complément (ou plusieurs), on tend à mettre une virgule, mais celle-ci est facultative.

• **zu** ne s'emploie pas après les verbes de modalité, de perception (**hören**, *entendre* ; **fühlen**, *sentir* ; **sehen**, *voir* ; etc.) et les verbes **gehen, bleiben** et **lassen**. L'usage hésite pour les verbes **lernen** et **helfen** : généralement, ils se construisent avec **zu** si l'infinitif comporte un complément.

Ich bleibe liegen. → *Je reste couché.* Attention : **liegen** est un infinitif traduit par un participe passé en français !

Das Kind lernt schreiben. → *L'enfant apprend à écrire.*

Das Kind lernt, richtig Deutsch zu schreiben. → *L'enfant apprend à écrire correctement l'allemand.*

1 Traduisez ces verbes et tournures qui régissent une proposition avec **zu**.

a. Ich erlaube dir, … → ....

b. Ich habe vor, … → ....

c. Ich höre auf, … → ....

d. Es ist verboten, … → ....

e. Es ist schwer, … → ....

f. Ich habe die Absicht, … → ....

g. Ich habe Lust, … → ....

 Zu ou pas zu ? Rayez la tournure incorrecte.

a. Bleiben Sie ruhig   sitzen / zu sitzen.

b. Ich habe den Eindruck, ihn   zu stören / stören.

c. Erlaubst du mir, das Telefon   zu benutzen / benutzen?

d. Die Kinder lernen   zu lesen / lesen.

e. Hilf mir bitte, das Sofa an die Wand   zu schieben / schieben.

f. Ich lasse mir die Haare   zu schneiden / schneiden.

g. Er will dich unbedingt   zu treffen / treffen.

Emploi et formation de la proposition infinitive avec *um… zu, anstatt… zu* et *ohne… zu*

La proposition infinitive construite avec **um… zu** (*afin de/ pour*), **(an)statt… zu** (*au lieu de*) ou **ohne… zu** (*sans*) ne s'emploie que si le sujet de la principale est le même que celui de la proposition infinitive.

Ich komme früher. Ich will dir helfen. → *Je viendrai plus tôt. Je veux t'aider.* **Ich komme früher, um dir zu helfen.** → *Je viendrai plus tôt afin de t'aider.*

Ich habe 5 Kilo abgenommen. Und ich habe keine Diät gemacht. → *J'ai perdu 5 kilos. Et je n'ai pas fait de régime.* **Ich habe 5 Kilo abgenommen, ohne eine Diät zu machen.** → *J'ai perdu 5 kilos sans faire de régime.*

Ich bleibe bei dir. Ich gehe nicht aus. → *Je reste chez toi. Je ne sors pas.* **Ich bleibe bei dir, (an)statt auszugehen.** → *Je reste chez toi au lieu de sortir.*

Côté syntaxe…

Um/ohne/(an)statt se placent devant le(s) complément(s), et **zu** devant l'infinitif (et, avec un verbe à particule séparable, entre la particule et le verbe). Par ailleurs, l'infinitive peut être en tête de phrase et, dans ce cas, le verbe conjugué de la proposition principale passe devant le sujet. **(An)Statt auszugehen, bleibe ich bei dir.**

3 Transformez les phrases en gras en infinitives avec um... zu, ohne... zu ou (an)statt... zu comme ci-dessus, et commencez par l'infinitive pour les phrases marquées d'un *.

a. Er hat eine sehr gute Note. **Und er hat nicht gelernt.**

➜ ....

b. Sie ist an mir vorbeigegangen, **und sie hat mich nicht gegrüßt.***

➜ ....

c. Wir gehen zu Fuß. **Wir nehmen nicht den Bus.**

➜ ....

d. Ich rufe ihn an. **Ich muss es ihm sagen.**

➜ ....

e. Sie wird ihre eigene Firma gründen. **Sie wird nicht den Posten annehmen.***

➜ ....

4 Traduisez les phrases suivantes.

a. *Qu'est-ce que je peux faire pour t'aider ?*

➜ ....

b. *Au lieu de rentrer à la maison, il est allé au cinéma.*

➜ ....

c. *Elle est partie sans dire un mot.*

➜ ....

Emploi et formation des infinitifs substantivés

Beaucoup de verbes à l'infinitif peuvent être substantivés. Ils portent une majuscule, sont neutres, n'ont pas de pluriel et se traduisent en français par un nom, un infinitif, *le fait de* + infinitif ou *en* + gérondif.

• **Warum wird das Rauchen nicht verboten?** ➜ *Pourquoi n'interdit-on pas de fumer ?*

Ils sont souvent utilisés avec les prépositions :

• **bei**, qui marque la double action et se traduit par *en*.

Er hat sich beim Laufen verletzt. ➜ *Il s'est blessé en courant.*

• **von**, qui marque la cause/l'origine et se traduit par *(du fait) de*.

Es kommt vom Laufen. ➜ *Ça vient du fait de courir.*

• **zu**, qui marque le but/le rapprochement et se traduit par *pour*.

Ich brauche es zum Lernen. ➜ *J'en ai besoin pour apprendre.*

5 Traduisez ces noms par des infinitifs substantivés.

a. *les pleurs* ➜ ....

b. *les cris* ➜ ....

c. *la natation/la nage* ➜ ....

d. *le repas/manger* ➜ ....

e. *la course (sport)* ➜ ....

f. *la recherche* ➜ ....

6 Complétez les phrases avec **beim, vom** ou **zum**.

a. .... langen Warten hatte er eiskalte Hände.

b. Ich brauche eine Brille .... Lesen.

c. Kann ich diesen Topf .... Kochen benutzen?

d. Wir hatten kaum Zeit .... Reden.

e. Das ist ein Medikament .... Abnehmen!

f. Er ist .... Autofahren eingeschlafen.

7 Voici plusieurs titres de films avec un infinitif substantivé.
Reliez-les avec leur traduction française.

a. Das Schweigen der Lämmer •   • *1. La Promesse d'une vie*

b. Das Leben des Brian •   • *2. La Disparition d'Eleanor Rigby*

c. Das große Fressen •   • *3. Le Silence des agneaux*

d. Das Versprechen ans Leben •   • *4. La Vie de Brian*

e. Das Verschwinden der Eleanor Rigby •   • *5. La Grande Bouffe*

Bravo, vous êtes venu(e) à bout
du chapitre 17 ! Il est maintenant
temps de comptabiliser les icônes
et de reporter le résultat en
page 128 pour l'évaluation finale.

Vocabulaire

**Et pour finir, voici l'occasion d'enrichir votre vocabulaire
en travaillant sur les familles de mots.**

Les mots dérivés

Lorsque vous entendez ou lisez un nouveau mot, essayez de retrouver sa racine commune avec d'autres mots déjà connus. Grâce à cela, il vous sera plus facile de comprendre et de mémoriser le vocabulaire nouveau. En allemand, il existe de nombreux noms dérivés d'un verbe ou d'un adjectif.

Ils se forment à partir :

- de l'infinitif du verbe : **trinken,** *boire* ➜ **das Trinken,** (*le fait/l'habitude de*) *boire* ;

- du radical du verbe : **besuchen,** *visiter/rendre visite* ➜ **der Besuch,** *la visite* ; **schießen,** *tirer* ➜ **der Schuss,** *le tir* ;

- du verbe + préfixe comme **Ge-** : **fühlen,** *sentir* ➜ **das Gefühl,** *le sentiment* ; **riechen,** *sentir* (*olfactif*) ➜ **der Geruch,** *l'odeur* ;

- du verbe ou de l'adjectif + terminaison/suffixe comme **-e, -heit**… : **lieben,** *aimer* ➜ **die Liebe,** *l'amour* ; **braun,** *marron/bronzé* ➜ **die Bräune,** *le bronzage* ; **sicher,** *sûr* ➜ **die Sicherheit,** *la sûreté/sécurité*.

Vous remarquerez que, dans certains cas, le radical change.

I Retrouvez le verbe correspondant à chacun de ces noms :

a. der Brand (*l'incendie*) ➜ ....

b. der Gang (*la démarche/l'allée*) ➜ ....

c. der Gesang (*le chant*) ➜ ....

d. der Bruch (*la fracture*) ➜ ....

e. das Gespräch (*la conversation*) ➜ ....

f. die Schrift (*l'écriture*) ➜ ....

> gehen
>
> schreiben
>
> sprechen
>
> brennen
>
> singen
>
> brechen

 **2** Complétez les noms par **-keit, -heit, -tum, -ung, -er** ou **-schaft**.

a. klar (*clair*) ➜ die Klar .... (*la clarté*)

b. wachsen (*grandir*) ➜ das Wachs .... (*la croissance*)

c. tätig (*actif*) ➜ die Tätig .... (*l'activité*)

d. leiden (*souffrir*) ➜ die Leiden .... (*la passion*)

e. sich erkälten (*prendre froid*) ➜ die Erkält .... (*le refroidissement*)

f. lehren (*enseigner*) ➜ der Lehr .... (*le professeur*)

 **3** Formez des noms à partir des verbes suivants.

a. prüfen (*examiner*) ➜ die .... (*l'examen*)

b. reisen (*voyager*) ➜ die .... (*le voyage*)

c. lügen (*mentir*) ➜ die .... (*le mensonge*)

d. fahren (*rouler*) ➜ die .... (*le trajet*)

e. essen (*manger*) ➜ das .... (*le repas/la nourriture*)

f. schließen (*fermer/conclure*) ➜ der .... (*la conclusion/la fin*)

g. fließen (*couler/traverser*) ➜ der .... (*le fleuve*)

h. denken (*penser*) ➜ der .... (*la pensée/l'idée*)

i. sehen (*voir*) ➜ die .... (*la vue*)

j. lieben (*aimer*) ➜ der .... (*le chéri*)

4 À partir des adjectifs suivants, formez des noms sur -heit, -(ig) keit, -tum.

a. wahr (*vrai*) ➜ die .... (*la vérité*)

b. frei (*libre*) ➜ die .... (*la liberté*)

c. reich (*riche*) ➜ der .... (*la richesse*)

d. fähig (*capable*) ➜ die .... (*l'aptitude/la capacité*)

e. arbeitslos (*au chômage*) ➜ die .... (*le chômage*)

f. freundlich (*aimable*) ➜ die .... (*l'amabilité*)

g. schön (*beau*) ➜ die .... (*la beauté*)

Noms du même champ lexical

Il s'agit de mots se rapportant à une même notion. Testez votre vocabulaire dans plusieurs thèmes.

 **5** Trouvez le ou les intrus.

a. Über die Gefühle (*au sujet des sentiments*) :

➜ das Glück, die Traurigkeit, die Angst, die Krankheit, die Scham.

➜ lieben, hassen, bewundern, vermissen, schlafen.

b. Über den Körper (*au sujet du corps*) :

➜ der Kopf, das Steuer, der Boden, der Rücken, der Hals.

➜ schön, stark, schlank, dumm, gelenkig.

c. Über die Gesundheit (*au sujet de la santé*) :

➜ die Ernährung, der Preis, der Schlaf, die Diät, der Umzug.

➜ krank, gesund, müde, unhöflich, ansteckend.

d. Über die Familie (*au sujet de la famille*) :

➜ die Eltern, die Schwägerin, der Urlaub, die Enkelin, der Engel.

➜ heiraten, sich verlieben, sich trennen, erziehen, anziehen.

6 Complétez avec les mots suivants :

gelb   **sauer**   **eng**   **mild**

rund   **fettig**   **heiß**   **weiß**

a. Über die Formen (*au sujet des formes*) :

➜ viereckig, dreieckig, oval, breit, ..., ...

b. Über die Farben (*au sujet des couleurs*) :

➜ rot, grün, blau, lila, schwarz, ..., ...

c. Über das Wetter (*au sujet du temps*) :

➜ kalt, warm, verregnet, sonnig, ..., ...

d. Über das Essen (*au sujet de la nourriture*) :

➜ lecker, süß, leicht, scharf, schwer, ..., ...

Bravo, vous êtes venu(e) à bout du chapitre 18 ! Il est maintenant temps de comptabiliser les icônes et de reporter le résultat en page 128 pour l'évaluation finale.

1 Les noms et leurs articles

❶ A - 2. der Morgen 3. der Montag 4. der Mai 5. der Sommer 6. der Süden 7. der Wein 8. der Diamant 9. der BMW 10. der Gang 11. der Schnee 12. der Liebling/der Teller

B - 1. die Tochter 2. die Erdbeere 3. die Eins 4. die Yamaha 5. die Bäckerei, die Einladung

C - 1. das Baby 2. das Gold 3. das A 4. das Blau 5. das Französisch 6. das Essen 7. das Gemüse 8. das Drittel 9. das Fräulein 10. das Element/das Datum

❷ a. der Nachmittag **b.** das Lesen **c.** die Freiheit **d.** das Gebirge **e.** die Zehn **f.** die Birne **g.** das Silber **h.** der Schmetterling **i.** der Fehler **j.** das Italienisch **k.** der Schlaf **l.** der Osten **m.** das Rosa

❸ a. die Nacht **b.** das Fenster **c.** der Apfel **d.** die Bronze **e.** der Reichtum **f.** das Ende, das Auge, der Käse ; die Hälfte

❹ a. die Studentinnen **b.** die DVDs **c.** die Gefängnisse **d.** die Lehrer **e.** die Kinos **f.** die Fehler **g.** die Omas **h.** die Freundinnen **i.** die Zeichen **j.** die Sessel **k.** die Berge **l.** die Städte **m.** die Bücher **n.** die Bibliotheken

❺ a. die Märkte **b.** die Mäntel **c.** die Bäume **d.** ø **e.** ø **f.** die Säcke **g.** die Kämpfe **h.** die Strände **i.** die Anfänge

❻ a. vor + der Name *le prénom* **b.** nach + der Name *le nom de famille* **c.** wohnen + der Ort *le domicile* **d.** die Geburt + das Datum *la date de naissance* **e.** die Geburt + der Ort *le lieu de naissance* **f.** der Staat + die Angehörigkeit *la nationalité* **g.** die Familie + der Stand *l'état civil* **h.** die Schule + die Ausbildung *la scolarité/les études* **i.** der Beruf + die Erfahrung *l'expérience professionnelle*

❼ Bewerbung ; geehrte ; Herren ; Stellenangebot ; diplomierter ; Praktikum ; Studiums ; beruflichen ; Gespräch ; Lebenslauf ; Grüßen

❹ a. Seit einem Monat **b.** Nach einem Tag **c.** bei mir **d.** wegen eines Unfalls **e.** innerhalb einer Stunde **f.** bei Regenwetter

❺ a. den Studenten **b.** des Herzens **c.** eines typischen Franzosen **d.** einen Bayern **e.** einen Dänen **f.** Willen

❻ a. tournure temporelle avec letzt- **b.** nom de pays **c.** pluriel de l'article indéfini **d.** indication de mesure **e.** quelque chose d'abstrait **f.** indénombrable/partiel **g.** nom propre précédé d'un adjectif qualificatif

❼ a. *la joie* **b.** *le repos/la tranquillité* **c.** *la tristesse* **d.** *la patience* **e.** *la peur* **f.** *le courage* **g.** *la confiance*

2 La déclinaison des 4 cas

❶

	Masculin	Féminin	Neutre	Pluriel
Nominatif	der junge Mann junger Mann ein junger Mann	die junge Dame junge Dame eine junge Dame	das junge Kind junges Kind ein junges Kind	die jungen Kinder junge Kinder junge Kinder
Accusatif	den jungen Mann jungen Mann einen jungen Mann	die junge Dame junge Dame eine junge Dame	das junge Kind junges Kind ein junges Kind	die jungen Kinder junge Kinder junge Kinder
Datif	dem jungen Mann jungem Mann einem jungen Mann	der jungen Dame junger Dame einer jungen Dame	dem jungen Kind jungem Kind einem jungen Kind	den jungen Kindern jungen Kindern jungen Kindern
Génitif	des jungen Mannes jungen Mannes eines jungen Mannes	der jungen Dame junger Dame einer jungen Dame	des jungen Kindes jungen Kindes eines jungen Kindes	der jungen Kinder junger Kinder junger Kinder

❷ a. das Problem **b.** den Kindern **c.** einen Kuchen **d.** der neue Sommerhit **e.** Evas **f.** kleinen Sportwagen **g.** der alten Wohnung **h.** der Gesundheit

❸ a. D ; **b.** D ; **c.** D ; **d.** D ; **e.** A ; **f.** D ; **g.** D ; **h.** A ; **i.** D ; **j.** A ; **k.** D ; **l.** D

3 Les pronoms personnels et réfléchis

❶

Nominatif	ich	du	er	sie	es	wir	ihr	sie	Sie
Accusatif	mich	dich	ihn	sie	es	uns	euch	sie	Sie
Datif	mir	dir	ihm	ihr	ihm	uns	euch	ihnen	Ihnen

❷ **a.** mir **b.** Ihnen **c.** euch **d.** ihn **e.** dir **f.** euch **g.** uns

❸ **a.** Um wie viel Uhr kommt ihr? **b.** Wo sind Sie? **c.** Hallo! Das ist für euch. **d.** Sind sie angekommen?

❹ **a.** dich (3) ; **b.** dich – dich (1) ; **c.** ihn (4) ; **d.** du (2)

❺ **a.** dem – der **b.** die – denen **c.** Den – der **d.** Die – der **e.** das

❻ **a.** Es ist spät. **b.** Es gefällt mir. **c.** Es riecht gut. **d.** Es tut mir weh. **e.** Es stinkt.

❼ **a.** dumm **b.** komisch **c.** peinlich **d.** unglaublich **e.** toll

❽ **a.** dir **b.** Euch **c.** Du **d.** Mir **e.** Sie

❾ **a.** ändern sich **b.** schäme mich **c.** Beeil dich! **d.** schneide mir **e.** fürchtet ihr euch **f.** dir vorstellen

❿

	1	2	3	4	5	6	7	8	9	10	11	12
A						F						
B						E						
C	L	I	E	B	L	I	N	G				J
D			R			N						U
E			A			D						G
F		N	E	U	G	E	B	O	R	E		E
G			T							R		N
H				J						W		D
I				U			F	R	A	U		
J			K	I	N	D	E	R		C		
K				G				E		H		
L				E				U		S		
M						M	Ä	N	N	E	R	
N	B	A	B	Y				D		N		
O			R					I		E		
P		M	Ä	D	C	H	E	N				
Q			U									
R	T	O	T	E						L		
S			I							E		
T			G	R	E	I	S			U		
U			A							T		
V		M	E	N	S	C	H	E	N			

4 Les possessifs, indéfinis et démonstratifs

❶

	Masculin	Féminin	Neutre	Pluriel
ich	mein Vater	meine Mutter	mein Kind	meine Eltern
du	dein Vater	deine Mutter	dein Kind	deine Eltern
er/es	sein Vater	seine Mutter	sein Kind	seine Eltern
sie	ihr Vater	ihre Mutter	ihr Kind	ihre Eltern
wir	unser Vater	unsere Mutter	unser Kind	unsere Eltern
ihr	euer Vater	eure Mutter	euer Kind	eure Eltern
sie	ihr Vater	ihre Mutter	ihr Kind	ihre Eltern
Sie	Ihr Vater	Ihre Mutter	Ihr Kind	Ihre Eltern

❷ **a.** ihrer **b.** deinen **c.** seiner **d.** ihr **e.** unseren **f.** meine – meinen **g.** ihre **h.** eure

❸ **a.** Sabine hat ihrem kleinen Bruder einen Brief geschrieben. **b.** Die Kinder sind mit ihrem Großvater in Deutschland. **c.** Ich kenne Paul, aber ich kenne nicht seine neue Frau./… aber seine neue Frau kenne ich nicht. **d.** Sie spricht mit ihren Kindern Deutsch.

❹

	Masculin	Féminin	Neutre	Pluriel
ich	meiner	meine	meins	meine
du	deiner	deine	deins	deine
er/es	seiner	seine	seins	seine
sie	ihrer	ihre	ihres	ihre
wir	unserer	unsere	unseres	unsere
ihr	eurer	eure	eures	eure
sie	ihrer	ihre	ihres	ihre
Sie	Ihrer	Ihre	Ihres	Ihre

❺

	Masculin	Féminin	Neutre	Pluriel
Nominatif	meiner	meine	meins	meine
Accusatif	meinen	meine	meins	meine
Datif	meinem	meiner	meinem	meinen

❻ Meins ; meins ; eurem ; unserem ; ihres ; ihres ; seins

❼ **a.** keine **b.** welchen **c.** einer **d.** welches - keins **e.** eins **f.** keinen

❽ **a.** man **b.** man **c.** man - einen **d.** einem **e.** man **f.** einem

9 a. Hat sie jemand(en) gesehen? b. Niemand ist gekommen. c. Kann ich jemand(em) helfen?

10 a. jedes b. jedes c. jedem d. Jeder e. Jeder

11 a. viele coole b. Viele c. Mehrere kleine d. alle neuen e. allen f. Manche wichtigen g. viel

12 a. diesem b. diesen leeren c. Dieses d. dieses Buches e. diesen jungen f. diesem g. Diese

13 a. Enkelin b. Nichte c. Schwiegermutter d. Schwager e. Stiefmutter f. Schwiegersohn g. Neffe

14 a. der Schwiegervater b. der Enkel/Enkelsohn c. der Großvater d. die Urgroßmutter e. der Onkel f. die Tante g. der Cousin/der Vetter h. die Cousine/die Kusine

5 L'adjectif qualificatif et ses degrés de comparaison

1 a. schönen b. teure c. saurer d. edler e. saubere f. langes

2 a. Hast du einen spitzeren Bleistift? b. Ich brauche dünnere Strümpfe. c. Ich bin älter als du. d. Er rennt schneller als ich.

3 a. billigste b. am schnellsten c. am kleinsten d. älteste

4 a. teurer b. spannendste c. am weitesten d. hübscheste e. dunkler

5

gut	besser/der bessere	am besten/der beste
hoch	höher/der höhere	am höchsten/der höchste
nah	näher/der nähere	am nächsten/der nächste
viel	mehr/mehrere	am meisten/die meisten

6 a. gern b. lieber c. lieber - gern d. am liebsten e. gern

7 a. Welches Kleid hast du lieber? Das rote oder das grüne? b. Hast du klassische Musik gern? c. Welche Farbe hast du am liebsten?

8 a. Je/umso öfter du die Wörter wiederholst, desto/umso besser kannst du sie dir merken. b. Je/umso weniger du arbeitest, desto/umso weniger verdienst du. c. Je/umso stärker der Wind bläst, desto/umso größer sind die Wellen.

9 a. das Münchner Bier b. die Pariser Mode c. die Berliner Mauer d. der Schweizer Käse

6 Prépositions et adverbes de lieu

1 a. gegen b. entlang c. um … herum d. durch

2 a. bis zur b. ab c. zu d. von e. bei

3 a. zur b. bei c. aus d. zur e. zu f. nach

4 a. innerhalb des Flughafens/innerhalb vom Flughafen b. innerhalb Europas/innerhalb von Europa c. außerhalb des Bahnhofs/außerhalb vom Bahnhof

5 a. unter einem Baum b. in den Zug c. an den Strand d. hinter den Schrank e. auf dem Bett

6 a. vors Fenster b. hinterm Kino c. aufs Bett d. überm Bett

7 a. im Fernsehen b. in die Schule c. ins Kino d. Im Hotel e. ins Restaurant f. im Radio g. ins Bett h. in die Türkei

8 a. unten b. von oben c. von links d. irgendwohin e. raus/nach draußen

9 a. draußen b. drinnen c. hier d. nirgendwohin

10 a. ø b. die Türkei c. ø d. (der) Iran e. die Ukraine f. ø g. die Niederlande h. der Vatikan i. die USA j. die Schweiz k. die Vereinigten Staaten l. ø

7 Prépositions et adverbes de temps

1 a. gegen b. bis c. um … herum d. gegen e. um

2 a. seit b. am c. in d. An e. Ab f. bis zum

3 a. zwischen Weihnachten und Neujahr b. bis zum 12. (zwölften) Juli c. vom 7. (siebten) 7. (siebten) bis zum 2. (zweiten) 8. (achten) d. ab morgen

4 a. Während der (den) Ferien habe ich keine Zeit. b. Er hat innerhalb eines Jahres/innerhalb von einem Jahr Russisch gelernt. c. Ich möchte ihn außerhalb der Arbeitszeiten treffen./Ich würde ihn gern … treffen.

5 b. Seit d. Vor e. Vor f. vor – vor – seit

6 a. *avant/plus tôt* b. *à l'instant* c. *maintenant* d. *tout de suite/immédiatement* e. *longtemps* f. *encore/de nouveau* g. *souvent* h. *toujours* i. *rarement* j. *la plupart du temps* k. *jamais* l. *quelquefois* m. *d'abord* n. *ensuite/puis* o. *enfin* p. *finalement*

7 a. erst b. nur c. nur d. erst

8

	1	2	3	4	5	6	7	8	9	10	11	12	13	14	15	16
A			G						D			N		G		
B			E			W	O	L	K	E		L				
C	K		W	I	N	D		N			B	A				
D	Ä		I				N			W	E	T	T	E	R	
E	B	L	I	T	Z			E			L		T			
F	T		T		J		R				E					
G	E		E		A						I					
H		F	R	Ü	H	L	I	N	G		S					
I				R			W									
J		W		E			Ä									
K		I		S	O	M	M	E	R							
L		N		Z			M									
M		T		E			E									
N		E		I												
O	H	E	R	B	S	T										
P	I			C												
Q	T			H												
R	Z		S	O	N	N	E									
S	E			E												
T			R	E	G	E	N									

8 Présent de l'indicatif, futur I et impératif

1 a. du kommst / du bleibst b. er macht / er geht c. wir sagen / wir meinen d. ihr kauft / ihr schreibt e. sie/Sie glauben / sie/Sie trinken

2 a. fällt b. wirft c. gefällt d. spricht e. fragt f. empfiehlt g. sieht h. redet i. nimmt j. vergisst

❸

	ich	du	er/sie/es	wir	ihr	sie/Sie
baden	bade	badest	badet	baden	badet	baden
reisen	reise	reist	reist	reisen	reist	reisen
bitten	bitte	bittest	bittet	bitten	bittet	bitten
raten	rate	rätst	rät	raten	ratet	raten
wechseln	wechsle	wechselst	wechselt	wechseln	wechselt	wechseln
verbessern	verbessere	verbesserst	verbessert	verbessern	verbessert	verbessern
lesen	lese	liest	liest	lesen	lest	lesen

❹

	ich	du	er/sie/es	wir	ihr	sie/Sie
haben	habe	hast	hat	haben	habt	haben
sein	bin	bist	ist	sind	seid	sind
werden	werde	wirst	wird	werden	werdet	werden

❺ a. Er wird etwas später kommen. **b.** Wir werden wahrscheinlich ein Jahr länger in Berlin bleiben. **c.** Sie werden bestimmt ja sagen. **d.** Es wird dir mit Sicherheit gefallen.

❻ a. Fahr(e)! Fahren wir! Fahrt! Fahren Sie! **b.** Lies! Lesen wir! Lest! Lesen Sie! **c.** Nimm! Nehmen wir! Nehmt! Nehmen Sie! **d.** Bade! Baden wir! Badet! Baden Sie!

❼ a. Sprich lauter! **b.** Putzen Sie sich die Zähne! **c.** Bitte, sei pünktlich! **d.** Seien wir ehrlich!

❽ a. *La ferme !/Ta (vos) gueule(s) !* **b.** *Haut les mains !* **c.** *Bas les pattes !/Pas touche !* **d.** *À vos marques, prêts, feu !* **e.** *Prière d'enlever vos chaussures !* **f.** *Interdit de fumer !*

9 Parfait, prétérit et plus-que-parfait

❶ a. gesagt **b.** gegangen **c.** gesucht **d.** geblieben **e.** gefunden **f.** gekommen **g.** genommen **h.** getrunken **i.** gegessen **j.** gesprungen **k.** getanzt **l.** gesungen

❷ a. aufgehört **b.** gewonnen **c.** verloren **d.** zugemacht **e.** erklärt **f.** eingeladen

❸ a. hat … gesagt **b.** bin … gelaufen **c.** habe … gegessen **d.** ist … explodiert **e.** haben … telefoniert **f.** hast … getroffen **g.** habe mich gefreut **h.** sind … geblieben

❹ a. ich sagte **b.** er wohnte **c.** wir lebten **d.** ihr kauftet **e.** sie/Sie glaubten

❺ a. ich nahm **b.** du fuhrst **c.** er gab **d.** wir liefen **e.** ihr kamt **f.** sie/Sie lasen

❻

	ich	du	er/sie/es	wir	ihr	sie/Sie
haben	hatte	hattest	hatte	hatten	hattet	hatten
sein	war	warst	war	waren	wart	waren
werden	wurde	wurdest	wurde	wurden	wurdet	wurden

❼ war - hatte - ansah - schenkte – stand - hieß

❽ a. ich brannte (gebrannt) **b.** er brachte (gebracht) **c.** wir dachten (gedacht) **d.** ihr ranntet (gerannt) **e.** sie/Sie nannten (genannt)

❾ a. nannte **b.** gedacht **c.** gebracht **d.** gerannt **e.** gebrannt

❿ a. geheiratet hattet **b.** erzählt hatte **c.** war … abgefahren **d.** war … gelaufen **e.** warst … gewesen

⓫ a. Berlin **b.** Bonn **c.** Deutsche Demokratische Republik **d.** Bundesrepublik Deutschland

⓬ a. 1989 **b.** 1961 **c.** 1949

10 Les verbes de modalité et les verbes de position

1

	ich	du	er/sie/es	wir	ihr	sie/Sie
müssen	muss musste	musst musstest	muss musste	müssen mussten	müsst musstet	müssen mussten
sollen	soll sollte	sollst solltest	soll sollte	sollen sollten	sollt solltet	sollen sollten
können	kann konnte	kannst konntest	kann konnte	können konnten	könnt konntet	können konnten
dürfen	darf durfte	darfst durftest	darf durfte	dürfen durften	dürft durftet	dürfen durften
wollen	will wollte	willst wolltest	will wollte	wollen wollten	wollt wolltet	wollen wollten
mögen	mag mochte	magst mochtest	mag mochte	mögen mochten	mögt mochtet	mögen mochten

2

	ich	du	er/sie/es	wir	ihr	sie/Sie
können	könnte	könntest	könnte	könnten	könntet	könnten
sollen	sollte	solltest	sollte	sollten	solltet	sollten
mögen	möchte	möchtest	möchte	möchten	möchtet	möchten

3 a. soll b. muss c. müssen d. sollst/solltest e. soll

4 a. kann b. Kannst/Könntest c. darf d. Darf

5 a. will b. Möchten c. Magst d. möchten e. wolltest

6 a. wir lagen b. er stellte c. du hast gesessen d. ihr legt
e. es hat gehangen f. er hängte

7 a. liegt b. steht c. Setzen d. liegt e. gehängt

8 a-4 ; b-7 ; c-1 ; d-6 ; e-3 ; f-2 ; g-5

11 Subjonctif II et hypothèse avec *wenn*

1 a. du würdest sagen b. er würde sagen c. wir würden sagen
d. ihr würdet sagen e. sie/Sie würden sagen

2 a. ich wüsste b. du hättest c. er wollte d. wir sollten e. ihr
dürftet f. Sie möchten g. ich müsste h. du könntest i. er käme
j. es ginge

3 a. ich hätte/wäre b. du hättest/wärst c. er/sie/es hätte/
wäre d. wir hätten/wären e. ihr hättet/wärt f. sie/Sie hätten/
wären

4 a. Aber sie hätte gern ein eigenes Zimmer. b. Aber sie
würde gern mit Freunden in Urlaub fahren. c. Aber sie wäre
gern schon 18. d. Aber sie würde gern neben Ralf sitzen.

5 a. ich hätte gesagt b. Sie wären geblieben c. du wärst
gegangen d. ihr hättet getrunken

6 a. Sonst wäre er auch gekommen. b. Sonst hätten wir das
gemacht. c. Sonst hätten sie euch geschrieben. d. Sonst hätte
ich nichts gegessen.

7 a. Wenn das Wetter schön wäre, würden wir ans Meer
fahren./Wenn das Wetter schön gewesen wäre, wären wir ans
Meer gefahren. b. Wenn ich eine Arbeit finden würde, dann
würde ich mir ein Auto kaufen./Wenn ich eine Arbeit gefunden
hätte, dann hätte ich mir ein Auto gekauft. c. Wenn es dir
besser gehen würde, würden wir eine Reise machen./Wenn
es dir besser gegangen wäre, hätten wir eine Reise gemacht.

8 a. Wenn er bloß/nur anrufen würde. b. Wenn ich bloß/nur
mehr Zeit gehabt hätte. c. Wenn ich es bloß/nur gewusst
hätte. d. Wenn Deutsch bloß/nur nicht so schwer wäre.

9 a-3 ; b-7 ; c-5 ; d-6 ; e-4 ; f-2 ; g-1

12 La voix passive

1 a. Die Wände wurden weiß gestrichen./Die Wände sind
weiß gestrichen worden. b. Ein zweites Badezimmer wird
eingebaut./Ein zweites Badezimmer wurde eingebaut./Ein
zweites Badezimmer ist eingebaut worden. c. Der Teppich im
Wohnzimmer wird ausgetauscht./Der Teppich im Wohnzimmer
wurde ausgetauscht./Der Teppich im Wohnzimmer ist ausgetauscht worden.

2 a. Durch das Internet b. von seinen Schulkameraden
c. durch eine neue Therapie d. von der Polizei

❸ a. Dieses Bild ist von Picasso gemalt worden. **b.** Das Kunstmuseum wird von einem italienischen Architekten renoviert. **c.** Die Hochzeitstorte ist von meinem Bäcker gebacken worden. d. Vor dem Essen wurde gebetet.

❹ a. Die Bank muss Tag und Nacht beobachtet werden. **b.** Der Computer kann nicht repariert werden. **c.** Der Mann konnte von den Zeugen nicht erkannt werden. **d.** Alle Computer sollen von einem Techniker überprüft werden.

❺ a. Viele Dächer sind abgedeckt. **b.** Die Häuser sind schwer beschädigt. **c.** Ein Großteil der Ernte ist vom Hagel zerstört.

❻ a. Die Betten waren gemacht. **b.** Die Wäsche war gewaschen und aufgehängt. **c.** Der Tisch war gedeckt.

❼ a. Jetzt wird gearbeitet! **b.** Jetzt wird gegessen! **c.** Jetzt wird aufgepasst! **d.** Jetzt wird Deutsch gelernt!

13 Les verbes à particules et avec prépositions

❶ a. Steh auf! **b.** verstehe **c.** habe … wegworfen **d.** habe … besucht **e.** gibt … aus **f.** hast … missverstanden **g.** Räum … auf **h.** Versuch

❷ a. entdecken **b.** ausdrücken **c.** zurückkommen **d.** entbinden **e.** ausgehen **f.** ausschalten **g.** zurückzahlen **h.** ausstellen **i.** missfallen

❸ a. bauen … um **b.** geht … unter **c.** durchgelesen **d.** übergetreten **e.** durchzogen **f.** Übertreib **g.** untersucht **h.** Widersprich **i.** Umfahr

❹ a. an **b.** an **c.** auf **d.** zu **e.** für **f.** auf **g.** von **h.** vor

❺ a. auf **b.** über **c.** auf **d.** nach **e.** unter **f.** an

❻ a. darauf **b.** auf ihn **c.** über ihn **d.** daran **e.** darauf **f.** darauf

❼ a. *Réfléchis-y !* **b.** *Ça dépend.* **c.** *Ne t'énerve pas pour ça/là-dessus !* **d.** *Fais attention à toi !* **e.** *Tu peux me faire confiance/te fier à moi.*

14 La proposition indépendante

❶ a. Gegen acht Uhr war ich im Büro. **b.** Anna hat mit ihren Freunden im Garten gespielt. **c.** Er ist später gekommen. **d.** Sie will nicht ins Kino gehen. **e.** Bald kannst du zu mir kommen.

❷ a. dem Schüler die Arbeit **b.** sie dem Schüler **c.** ihm die Arbeit **d.** sie ihm

❸ a. … schenke ich ihn Ihnen. **b.** Ich habe es ihm schon zurückgegeben. **c.** Ich habe ihn Ihnen schon dort hingestellt.

❹ a. Meine Schwester wird trotz der langen Fahrt mit dem Auto nach Paris fahren. **b.** Ich fahre bei schönem Wetter mit dem Fahrrad zur Arbeit. **c.** Ich fahre nach der Arbeit schnell zum Supermarkt. **d.** Morgen fliegt mein Bruder mit seinem Englischkurs nach New York. **e.** Wegen starker Schneefälle mussten wir im letzten Moment mit dem Zug fahren.

❺ a. Ich möchte meinem Vater zum Geburtstag eine Uhr schenken. **b.** Ich habe es sofort meinem Lehrer gegeben. **c.** Ich habe es euch schon dreimal gesagt. **d.** Morgen wird sie dir wegen der Versammlung eine Mail schicken.

❻ a. und **b.** aber **c.** denn **d.** oder

❼ a. Weder sein Vater noch seine Mutter haben ihn angerufen. **b.** Ich habe sowohl Rotwein als auch/wie auch Weißwein. **c.** Ich arbeite nicht nur an Weihnachten, sondern auch am ersten Januar. **d.** Sie wird entweder bei ihrem Freund oder bei ihren Eltern wohnen.

❽ a-5 ; b-1 ; c-7 ; d-2 ; e-3 ; f-4 ; g-6

15 La phrase interrogative et négative

❶ a. Könnten Sie es ihm morgen sagen? **b.** Wo hast du die Jacke deiner Schwester hingelegt? **c.** Um wie viel Uhr stehst du morgens auf?

❷ a. Was **b.** Wessen **c.** Wen **d.** Wovon **e.** Wem **f.** Wer **g.** Für wen **h.** Worüber

❸ a. Wo **b.** Woher **c.** Warum **d.** Wie viele **e.** Wann **f.** Wie **g.** Wohin **h.** Wie viel

❹ a-3 ; b-5 ; c-6 ; d-2 ; e-1 ; f-4

❺ a. hoch **b.** lang(e) **c.** schnell **d.** lang **e.** groß **f.** weit **g.** breit **h.** warm

❻ a. Wie viel wiegst du? **b.** Wie viel Uhr ist es? **c.** Wie viel kostet es?

❼ a. Ich kenne seinen Bruder nicht. **b.** Wir haben keine Zeit. **c.** Ich kenne ihn nicht gut. **d.** Er braucht keine dickeren Strümpfe. **e.** Er fliegt nicht nach Paris. **f.** Es war kein schöner Abend. **g.** Es gibt keine Lösung. **h.** Sie macht nicht das Gegenteil.

❽ a. Warum ist er gestern nicht gekommen? **b.** Warum ist er nicht um 8 Uhr gekommen? **c.** Warum hast du nicht mit Anna gesprochen? d. Warum hast du sie nicht getroffen? **e.** Warum isst du nicht viel? **f.** Warum kommt er morgen nicht?

❾ a. Ich liebe nicht Anna, sondern Petra. **b.** Ich habe keinen Rock/nicht einen Rock gekauft, sondern ein Kleid. **c.** Ich kenne nicht den Vater, sondern die Mutter. **d.** Ich trinke keinen Kaffee/nicht Kaffee, sondern Tee. **e.** Sie hat nicht ein Boot, sondern zwei. **f.** Nicht er entscheidet, sondern ich.

❿ a-3 ; b-1 ; c-5 ; d-6 ; e-7 ; f-8 ; g-2 ; h-4

16 Proposition principale et proposition subordonnée conjonctive ou relative

❶ a. … dass die Reise ungefähr 14 Stunden gedauert hat. **b.** … dass er am Montag mit seinem Vater zurückkommt. **c.** … dass er wegen starker Schneefälle die Reise absagen musste.

❷ a. bevor **b.** Seitdem **c.** obwohl **d.** Anstatt dass **e.** damit **f.** während **g.** sobald **h.** ob **i.** Nachdem **j.** weil

❸ a. Als **b.** Als **c.** Wenn **d.** Wenn **e.** wenn **f.** wenn **g.** Wenn

❹

	Masculin	Féminin	Neutre	Pluriel
Nominatif	der	die	das	die
Accusatif	den	die	das	die
Datif	dem	der	dem	denen
Génitif	dessen	deren	dessen	deren

❺ a. den **b.** die **c.** deren **d.** der **e.** das

❻ a. dem **b.** der **c.** die **d.** denen **e.** die **f.** das

❼ a. wofür **b.** ø **c.** ø **d.** woran

❽ a. wohin **b.** wo **c.** was **d.** was **e.** was **f.** Wer

❾ a-3 ; b-2 ; c-5 ; d-1 ; e-4

17 Les propositions infinitives et les infinitifs substantivés

1 **a.** Je te permets… **b.** J'ai prévu… **c.** J'arrête… **d.** C'est/Il est interdit… **e.** C'est/Il est difficile… **f.** J'ai l'intention… **g.** J'ai envie…

2 **a.** sitzen **b.** zu stören **c.** zu benutzen **d.** lesen **e.** zu schieben **f.** schneiden **g.** treffen

3 **a.** Er hat eine sehr gute Note, ohne gelernt zu haben. **b.** Ohne mich zu grüßen, ist sie an mir vorbeigegangen. **c.** Wir gehen zu Fuß, anstatt den Bus zu nehmen. **d.** Ich rufe ihn an, um es ihm zu sagen[1]. **e.** Anstatt den Posten anzunehmen, wird sie ihre eigene Firma gründen.

4 **a.** Was kann ich tun (machen), um dir zu helfen? **b.** Anstatt nach Hause zu kommen, ist er ins Kino gegangen. **c.** Sie ist gegangen, ohne ein Wort zu sagen.

5 **a.** das Weinen **b.** das Schreien **c.** das Schwimmen **d.** das Essen **e.** das Rennen **f.** das Suchen

6 **a.** Vom **b.** zum **c.** zum **d.** zum **e.** zum **f.** beim

7 a-3 ; b-4 ; c-5 ; d-1 ; e-2

18 Vocabulaire

1 **a.** brennen **b.** gehen **c.** singen **d.** brechen **e.** sprechen **f.** schreiben

2 **a.** die Klarheit **b.** das Wachstum **c.** die Tätigkeit **d.** die Leidenschaft **e.** die Erkältung f. der Lehrer

3 **a.** die Prüfung **b.** die Reise **c.** die Lüge **d.** die Fahrt **e.** das Essen **f.** der Schluss **g.** der Fluss **h.** der Gedanke **i.** die Sicht **j.** der Liebling

4 **a.** die Wahrheit **b.** die Freiheit **c.** der Reichtum d. die Fähigkeit **e.** die Arbeitslosigkeit **f.** die Freundlichkeit **g.** die Schönheit

5 **a.** die Krankheit – schlafen **b.** das Steuer - der Boden - dumm **c.** der Preis - der Umzug – unhöflich **d.** der Urlaub - der Engel – anziehen

6 **a.** rund – eng **b.** gelb – weiß **c.** heiß – mild **d.** sauer – fettig

---

1. L'infinitive se construit sans **müssen** vu qu'il est indirectement traduit par **um … zu**.

Bravo, vous êtes venu à bout de ce cahier ! Il est temps à présent de faire le point sur vos compétences et de comptabiliser les icônes afin de procéder à l'évaluation finale. Reportez le sous-total de chaque chapitre dans les cases ci-dessous puis additionnez-les afin d'obtenir le nombre final d'icônes dans chaque couleur. Puis découvrez vos résultats !

	😊	😐	😠			😊	😐	😠
1. Les noms et leurs articles					11. Subjonctif II et hypothèse avec *wenn*			
2. La déclinaison des 4 cas					12. La voix passive			
3. Les pronoms personnels et réfléchis					13. Les verbes à particules et avec prépositions			
4. Les possessifs, indéfinis et démonstratifs					14. La proposition indépendante			
5. L'adjectif qualificatif et ses degrés de comparaison					15. La phrase interrogative et négativet			
6. Prépositions et adverbes de lieu					16. Proposition principale et proposition subordonnée conjonctive ou relative			
7. Prépositions et adverbes de temps					17. Les propositions infinitives et les infinitifs substantivés			
8. Présent de l'indicatif, futur I et impératif					18. Vocabulaire			
9. Parfait, prétérit et plus-que-parfait								
10. Les verbes de modalité et les verbes de position								

	😊	😐	😠
Total, tous chapitres confondus			

Vous avez obtenu une majorité de...

Bravo ! Vous avez maintenant un bon niveau en allemand, vous êtes fin prêt pour passer au niveau suivant !

Ce n'est pas si mal ! Mais vous pouvez encore progresser... Refaites les exercices qui vous ont donné du fil à retordre en jetant un coup d'œil aux leçons !

Perséverez ! Reprenez l'ensemble de l'ouvrage en relisant bien les leçons avant de refaire les exercices.

© 2017 Assimil
Dépôt légal : août 2017
N° d'édition : 3876 - mai 2019
ISBN : 978-2-7005-0746-1
www.assimil.com
Imprimé en Slovénie par DZS

Conception graphique : MediaSarbacane
Mise en pages : Lucile Jouret pour Céladon éditions
Réalisation : Céladon éditions, www.celadoneditions.com